Ciberseguridad 101

OCTAVA EDICIÓN

CIBERSEGURIDAD 101

De Básico a Experto

CAN BARTU H.

2024

Ciberseguridad 101

Can Bartu H.

Prefacio

En la era digital, cada aspecto de nuestra vida está interconectado a través de internet y la generación. Desde el intercambio de palabras hasta el entretenimiento, desde la formación hasta los negocios, todo se configura cada vez más en el ámbito digital. Si bien estas conexiones brindan comodidad y eficiencia, también conllevan enormes riesgos. A medida que crece nuestra dependencia de los sistemas digitales, el alcance de las ciberamenazas se expande y se vuelve cada día más complejo. Los ciberataques pueden causar grandes daños, desde filtraciones de datos personales hasta la vulneración de las estadísticas corporativas.

El rápido ritmo de los avances tecnológicos a menudo dificulta mantenerse al día, pero esta necesidad no debe disuadirnos de replantearnos cómo nos protegemos. La ciberseguridad se ha convertido en un problema crítico no solo para las grandes empresas, sino también para particulares, pequeñas empresas y gobiernos. Garantizar la seguridad en el mundo virtual solo es posible mediante la adopción de las prácticas de protección adecuadas y el conocimiento de los mecanismos que protegen nuestros datos y estructuras.

Este libro busca ofrecer una perspectiva integral sobre ciberseguridad, desde conceptos esenciales hasta estrategias más avanzadas para protegerse contra amenazas. Abarca desde prácticas seguras en línea hasta estrategias de respuesta eficaces ante ciberataques, proporcionando a los lectores las herramientas necesarias para navegar con seguridad en el mundo virtual. El objetivo no es solo familiarizar a los lectores con las amenazas, sino también capacitarlos para construir defensas robustas.

Escrito en un lenguaje claro y accesible, este libro está diseñado para lectores de todas las etapas, desde principiantes hasta expertos. Al leerlo, no solo aprenderá a vivir seguro en línea, sino que también mejorará su cultura virtual. La ciberseguridad no se trata solo de defensa; es un sistema continuo de conocimiento y vigilancia. El compromiso de cada persona con la protección es fundamental para fomentar un entorno virtual más seguro.

Mantener la protección en el mundo digital no es solo una obligación individual, sino colectiva. Este libro ofrece a los lectores un camino hacia una mayor atención a la ciberseguridad y acciones sensatas, con el objetivo de ayudar a cada persona a navegar por el panorama digital con confianza y protección.

CONTENIDO

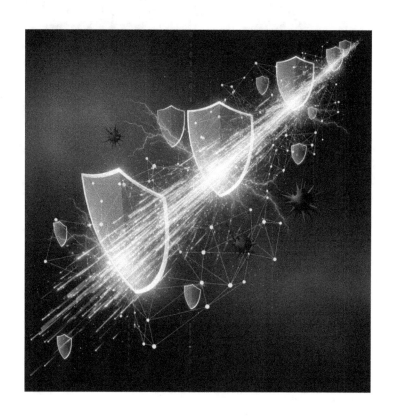

CAPÍTULO 1

Fundamentos de la ciberseguridad

1.1. Comprensión de los conceptos de ciberseguridad

La ciberseguridad es el área dedicada a la protección de sistemas, redes y datos digitales contra el acceso no autorizado, daños o robos. En un mundo cada vez más interconectado, donde casi todos los aspectos de la vida tienen una huella digital, la ciberseguridad es la base de la consideración y la protección. Desde dispositivos personales hasta economías globales, desde correos electrónicos privados hasta bases de datos gubernamentales, la necesidad de mantener la información en orden se ha vuelto tan crucial como la información misma.

En esencia, la ciberseguridad gira en torno a tres conceptos fundamentales: confidencialidad, integridad y disponibilidad, comúnmente conocidos como la tríada de la CIA. La confidencialidad garantiza que los registros solo estén disponibles para quienes tienen acceso legal. La integridad implica salvaguardar la precisión y la consistencia de la información a lo largo de su ciclo de vida, garantizando que no sea alterada por entidades no autorizadas. La disponibilidad garantiza que los sistemas y los datos estén accesibles cuando sea necesario, sin interrupciones debido a ataques maliciosos o fallos del sistema.

Comprender estos estándares fundamentales es esencial para comprender las capacidades de ciberseguridad en diversos entornos. No se trata solo de implementar soluciones de software o hardware; implica reconocimiento humano, técnicas organizativas, marcos delictivos e infraestructuras tecnológicas que operan en armonía. El éxito de cualquier estrategia de ciberseguridad depende no solo de equipos de última generación, sino también de usuarios informados y un comportamiento digital responsable.

El panorama de amenazas virtuales es amplio y está en constante evolución. La ciberseguridad no es un dominio estático; se modifica a medida que los atacantes diseñan nuevas estrategias y la propia tecnología abre nuevas vías de explotación. Por ejemplo, el auge de la computación en la nube, la inteligencia artificial y el Internet de las Cosas (IdC) ha añadido nuevas complejidades. Dispositivos como termostatos inteligentes, monitores de actividad física portátiles y automóviles conectados crean nuevos puntos de acceso que los atacantes pueden aprovechar. Por lo tanto, la ciberseguridad debe adaptarse constantemente, utilizando técnicas tanto preventivas como reactivas.

Además, es fundamental reconocer que la ciberseguridad no siempre es un campo completamente técnico. Abarca la formulación de políticas, el control de riesgos, la psicología, el derecho y la ética. La conducta humana suele ser el eslabón más débil de la cadena. Las estafas de phishing, los ataques de ingeniería social y el manejo descuidado de datos se deben a errores de juicio humano, más que a fallos tecnológicos. Por lo tanto, la formación y el conocimiento son tan importantes como los firewalls y el cifrado.

En las sociedades de vanguardia, la información se ha convertido en un activo invaluable. Proteger este activo ya no es opcional, sino imperativo. Las consecuencias de descuidar la ciberseguridad pueden ser devastadoras, desde el robo de identidad personal y pérdidas económicas hasta la interrupción de infraestructuras esenciales y amenazas a la seguridad nacional. Las empresas pueden sufrir daños a su reputación y consecuencias legales, mientras que las personas también pueden ver expuesta o manipulada su vida privada.

La ciberseguridad también desempeña un papel esencial para impulsar la innovación y la transformación digital. Sin medidas de seguridad robustas, los usuarios podrían dudar en adoptar la banca en línea, los servicios en la nube o las plataformas de comercio electrónico. Las estructuras seguras fomentan la confianza, que es la moneda de cambio de la era digital. Cada transacción, cada comunicación y cada interacción en línea se basa en la confianza de que el sistema subyacente es seguro y que la privacidad es legítima.

Además, a medida que las ciberamenazas se vuelven más avanzadas, la inteligencia artificial y el aprendizaje automático se posicionan mejor en la ciberseguridad. Los sistemas de IA pueden detectar anomalías, responder a las amenazas en tiempo real y examinar grandes conjuntos de datos para encontrar patrones ocultos. Sin embargo, estas herramientas también plantean nuevas situaciones exigentes y cuestiones éticas. A medida que los defensores utilizan la IA para proteger los sistemas, los atacantes pueden aprovecharla para lanzar ataques más eficientes y adaptativos.

Comprender los principios de la ciberseguridad, en consecuencia, implica asumir su naturaleza multifacética. No se trata de un campo novedoso, sino de una convergencia de disciplinas orientadas a lograr un objetivo común: la protección y la resiliencia digitales. Ya seas estudiante, profesional o un usuario habitual de internet, comprender los fundamentos de la ciberseguridad ya no es un lujo, sino una necesidad en nuestro mundo digitalizado.

1.2. Tipos de amenazas y métodos de ataque

mundo virtual está plagado de amenazas que evolucionan tan rápido como la tecnología que buscan aprovechar al máximo. Comprender los numerosos tipos de ciberamenazas y las técnicas de ataque subyacentes es crucial para quienes buscan desenvolverse correctamente en el panorama tecnológico actual. Estas amenazas abarcan desde pequeñas molestias hasta ciberataques financiados por el Estado, que afectan por igual a personas, organismos y países. Cada tipo de riesgo tiene sus propias motivaciones, técnicas y consecuencias, pero todas comparten un objetivo común: el control no autorizado de sistemas, información o recursos.

Una de las amenazas más comunes en el panorama de la ciberseguridad es el malware, un término amplio que se refiere a cualquier programa de software malicioso diseñado para dañar o aprovechar cualquier dispositivo o red programable. El malware incluye virus, gusanos, troyanos, spyware, ransomware y más. Los virus se conectan a aplicaciones válidas y se replican mientras el software anfitrión se ejecuta, corrompiendo o destruyendo datos en el proceso. Los gusanos, a diferencia de los virus, pueden autorreplicarse y propagarse por redes sin intervención humana, lo que los hace especialmente peligrosos en estructuras altamente interconectadas. Los troyanos se disfrazan de software válido, pero contienen cargas maliciosas ocultas. El ransomware, actualmente uno de los tipos de malware más rentables, cifra los documentos de la víctima y exige un pago por la clave de descifrado, lo que a menudo paraliza a agencias e instituciones.

El phishing es otra amenaza enorme y adversa. Se aprovecha de la psicología humana en lugar de las vulnerabilidades del software, utilizando correos electrónicos, mensajes o sitios web engañosos para engañar a los usuarios y que revelen información confidencial, como credenciales de inicio de sesión, estadísticas financieras o identidad personal. A menudo, los ataques de phishing se hacen pasar por instituciones o personas de confianza, lo que los hace especialmente peligrosos. Una forma más específica, conocida como phishing selectivo, personaliza el mensaje engañoso para una persona o empresa específica, lo que aumenta las probabilidades de éxito. El compromiso de correo electrónico empresarial (BEC) es un modelo más avanzado que implica hacerse pasar por ejecutivos o socios de la organización para inducir al personal a realizar transferencias financieras no autorizadas.

Los ataques de denegación de servicio distribuido (DDoS) están diseñados para sobrecargar un dispositivo, servidor o red con tráfico excesivo, dejándolo inutilizable. Estos ataques suelen provenir de botnets (redes de computadoras infectadas controladas remotamente por un atacante). Al inundar a un objetivo con solicitudes, los ataques DDoS pueden causar graves interrupciones operativas, especialmente en organizaciones que dependen de servicios basados en internet. Si bien estos ataques no suelen provocar el robo de datos, sí pueden causar daños a la reputación y pérdidas económicas debido a tiempos de inactividad prolongados.

Los ataques Man-in-the-Middle (MitM) se producen cuando un tercero intercepta y posiblemente altera en secreto la comunicación entre dos estructuras. Este tipo de ataque es especialmente peligroso en situaciones donde se intercambian datos confidenciales, como la banca en línea o las transacciones comerciales confidenciales. Los atacantes también pueden usar redes Wi-Fi públicas no seguras para interceptar datos o implementar suplantación de DNS y secuestro de HTTPS para redirigir a los usuarios a sitios web maliciosos.

Los ataques de inyección SQL se dirigen a bases de datos a través de campos de entrada vulnerables en sitios web o aplicaciones. Al insertar sentencias SQL maliciosas en un campo de acceso, los atacantes pueden manipular una base de datos, acceder a registros no autorizados o incluso obtener el control administrativo del dispositivo. De igual forma, los ataques de secuencias de comandos entre sitios (XSS) implican la inyección de scripts maliciosos en sitios web confiables, que luego se ejecutan en los navegadores de usuarios desprevenidos. Estos ataques pueden utilizarse para robar cookies, secuestrar sesiones o redirigir a los usuarios a contenido malicioso.

El robo de credenciales es un riesgo creciente debido a la prevalencia de las filtraciones de datos. Los atacantes utilizan nombres de usuario y contraseñas previamente robados de una filtración para intentar iniciar sesión en varias cuentas, aprovechando que muchos usuarios reutilizan credenciales en diferentes plataformas. Las herramientas automatizadas pueden analizar cientos de combinaciones en minutos, lo que hace que este método sea inocuo y peligroso.

Las amenazas internas representan una clase especial de amenaza, aquella que se origina dentro de una agencia. Ya sea maliciosa o accidental, el acceso interno a estructuras sensibles puede representar un grave riesgo para la seguridad. Esto incluye a empleados, contratistas o socios que pueden abusar de sus privilegios de acceso o exponer información accidentalmente por negligencia o falta de información. Estas amenazas suelen ser más difíciles de detectar y mitigar, ya que provienen de usuarios de confianza dentro de la red.

Las amenazas persistentes avanzadas (APT) son ciberataques prolongados y selectivos, perpetrados habitualmente por adversarios con recursos y gran habilidad. Estos atacantes buscan infiltrarse en una red y pasar desapercibidos durante largos periodos, recopilando inteligencia, extrayendo información o socavando infraestructuras vitales. Las APT suelen estar asociadas a actores de estados-nación y se utilizan habitualmente en ciberespionaje, disrupción política o sabotaje.

Los exploits de día cero son otra categoría peligrosa de ataque, centrados en vulnerabilidades de software desconocidas para el proveedor. Dado que no existe una solución o parche disponible en el momento de la explotación, los ataques de día cero pueden ser muy potentes y devastadores. Los ciberdelincuentes o actores del reino suelen utilizar estos exploits en operaciones de alto riesgo antes de que se determine y solucione la vulnerabilidad.

La ingeniería social, a menudo relacionada con el phishing, abarca una gama más amplia de técnicas destinadas a manipular el comportamiento humano para obtener acceso a estructuras o datos. Esto incluye el pretexto (crear una situación inventada), el cebo (ofrecer algo atractivo para obtener datos) y el tailgating (seguir físicamente a una persona a una zona establecida). El hilo conductor es la explotación de la confianza, la autoridad o el miedo para eludir las defensas tecnológicas.

El auge de la computación móvil y los dispositivos del IoT ha ampliado la superficie de ataque de las ciberamenazas. Los teléfonos inteligentes, las casas inteligentes, los wearables e incluso los vehículos conectados pueden ser vulnerables a través de configuraciones vulnerables, software obsoleto o conexiones de red inseguras. El malware móvil, el intercambio de tarjetas SIM y el acceso no autorizado a aplicaciones son solo algunas de las amenazas en este sector en rápido crecimiento.

Los estilos de amenazas y métodos de ataque en el ámbito digital son tan diversos como vanguardistas. Cada uno representa un vector distintivo a través del cual un atacante puede comprometer la seguridad, robar información o interrumpir las operaciones. Anticiparse a estas amenazas requiere un profundo conocimiento de su funcionamiento, una vigilancia constante y una postura de seguridad proactiva. A medida que la era evoluciona, también debe evolucionar nuestra conciencia y preparación para protegernos del universo en constante expansión de las ciberamenazas.

1.3. Por qué es importante la ciberseguridad

En una tecnología dominada por la transformación digital, la ciberseguridad se ha convertido no solo en una necesidad técnica, sino en un pilar esencial que sustenta la integridad, la privacidad y la resiliencia de la civilización moderna. Desde los dispositivos personales más pequeños hasta las enormes redes intercontinentales, nuestro mundo está interconectado mediante sistemas que proporcionan información confidencial, facilitan el comercio, gestionan la infraestructura y energizan la vida diaria. Esta creciente interdependencia conlleva un riesgo igualmente amplio: la exposición a ciberamenazas capaces de perturbar las economías, poner en peligro vidas y erosionar la confianza en las instituciones. Comprender la importancia de la ciberseguridad es fundamental no solo para los profesionales de la tecnología, sino también para todos los que navegan en la era digital.

En esencia, la ciberseguridad consiste en proteger las estadísticas, las estructuras y las redes del acceso, la manipulación o la destrucción no autorizados. Estas estructuras no se limitan a las computadoras; también abarcan las redes eléctricas, los sistemas monetarios, las redes de atención médica, los servicios públicos y la infraestructura de comunicaciones. La seguridad de estas estructuras garantiza la continuidad de capacidades importantes. Cuando la ciberseguridad falla, las consecuencias pueden ser catastróficas, trascendiendo el daño digital y provocando consecuencias reales e internacionales, como la interrupción de servicios médicos, la vulneración de la seguridad nacional o la paralización de las operaciones financieras.

Una de las razones más importantes, inmediatas y privadas, para la ciberseguridad reside en la protección de la privacidad de las personas. Cada interacción en línea, desde publicaciones en redes sociales y correos electrónicos hasta transacciones financieras e historiales médicos, crea una huella digital. Esta información es valiosa no solo para profesionales del marketing y analistas de datos, sino también para los ciberdelincuentes, quienes generan estadísticas privadas para robo de identidad, fraude financiero o chantaje digital. Una sola filtración puede exponer la vida de alguien a desconocidos, causando daños psicológicos y económicos a largo plazo. La ciberseguridad ayuda a prevenir esto mediante la creación de barreras técnicas y el fomento de la higiene virtual que reducen las vulnerabilidades.

Para las agencias, la ciberseguridad está directamente relacionada con la confianza, la popularidad y la estabilidad operativa. Una empresa que sufre una filtración de datos corre el riesgo de perder la confianza de sus clientes, enfrentarse a consecuencias penales y sufrir graves pérdidas financieras. Más allá de los costos inmediatos, como la respuesta a incidentes y la restauración de equipos, el daño a largo plazo a la reputación de la marca puede ser irreparable. Inversores, socios y clientes consideran la seguridad un indicador fundamental de la integridad organizacional. En sectores como las finanzas, la sanidad y el comercio electrónico, donde la confidencialidad de los datos es alta, una ciberseguridad sólida no es opcional, sino un requisito regulatorio y ético.

La protección nacional es otro ámbito donde la ciberseguridad adquiere una profunda relevancia. Los gobiernos de todo el sector son cada vez más blanco de ciberataques estatales, con el objetivo de robar información clasificada, influir en las políticas o interrumpir los servicios públicos. El ciberespionaje, la propaganda digital y los ataques a infraestructuras cruciales se consideran herramientas de guerra actuales. El panorama de riesgos se ha acelerado desde los campos de batalla físicos hasta nuestro mundo digital, donde las señales invisibles de un ataque pueden derribar sistemas satelitales, inutilizar las comunicaciones militares o manipular la opinión pública. La ciberseguridad, en este contexto, es un mecanismo de defensa tan crucial como cualquier aparato militar tradicional.

La atención médica es un sector vulnerable y representa uno de los dominios más importantes donde la ciberseguridad tiene implicaciones directas para la vida humana. Hospitales, clínicas y sistemas de salud dependen ahora de infraestructuras virtuales para todo, desde la información y el diagnóstico de pacientes hasta procedimientos quirúrgicos remotos y tratamientos automatizados. Los ciberataques a estas estructuras no solo comprometen la confidencialidad del paciente, sino que también pueden poner en peligro vidas al retrasar o interrumpir la atención. El creciente uso de dispositivos médicos conectados a internet amplía el área de ataque, lo que hace crucial la seguridad tanto de los datos como de los dispositivos que sustentan la vida.

El auge del Internet de las Cosas (IdC), las ciudades inteligentes y los dispositivos conectados también ha intensificado la relevancia de la ciberseguridad. Artículos cotidianos, desde refrigeradores y automóviles hasta iluminación para tráfico y maquinaria comercial, ahora incorporan sensores y conectividad. Estos sistemas ofrecen gran comodidad y eficiencia, pero también introducen vulnerabilidades complejas. Un atacante que acceda a un solo dispositivo conectado podría encontrar una puerta de enlace a toda una red. En una ciudad inteligente, esto podría implicar la interrupción de las señales de tráfico, la manipulación de las instalaciones de tratamiento de agua o el cierre de la infraestructura de vigilancia. La ciberseguridad garantiza que la innovación no supere a la seguridad.

El equilibrio económico está cada vez más ligado a la seguridad de las transacciones virtuales. El sistema económico mundial se basa en una comunicación fluida entre bancos, pasarelas de pago y dispositivos de consumo. Las ciberamenazas, como el ransomware, los troyanos bancarios y las transferencias fraudulentas, pueden socavar las instituciones económicas y socavar la confianza pública. Las criptomonedas y las finanzas descentralizadas introducen nuevos riesgos que requieren marcos de seguridad en constante evolución. Un fallo en el acuerdo digital podría provocar caídas del mercado, pérdidas financieras y un pánico generalizado, lo que pone de relieve la importancia crucial de la ciberseguridad para mantener la continuidad financiera.

A nivel social, la ciberseguridad sustenta la democracia y el libre flujo de información. Las campañas de desinformación, la interferencia electoral y la manipulación en redes sociales son formas de ciberactividad que pueden distorsionar la percepción pública y amenazar los sistemas democráticos. En este contexto, la ciberseguridad no solo implica protegerse contra ataques informáticos y brechas de seguridad, sino también desarrollar estructuras que detecten y mitiguen la información falsa, mantengan la integridad periodística y garanticen una comunicación estable tanto para los ciudadanos como para las instituciones.

Desde una perspectiva educativa, la ciberseguridad es vital para proteger la infraestructura que sustenta el aprendizaje a distancia, los estudios educativos y los recursos intelectuales. Las universidades y facultades mantienen una gran cantidad de información confidencial, que abarca desde datos personales de estudiantes y profesores hasta estudios médicos innovadores.

Los ciberataques a instituciones académicas pueden interrumpir el aprendizaje, frenar la innovación y comprometer el desarrollo social a largo plazo.

Otra causa convincente en el ámbito de la ciberseguridad es la creciente importancia de la inteligencia artificial en las operaciones diarias y la toma de decisiones. Las estructuras de IA procesan enormes cantidades de datos para facilitar desde el diagnóstico de enfermedades y la recomendación de inversiones financieras hasta el control de vehículos autónomos y la detección de patrones delictivos. Si estos sistemas se ven comprometidos (mediante la manipulación de datos, la manipulación de versiones o ataques adversarios), las consecuencias pueden ser de gran alcance y amenazantes. Garantizar la integridad de las estructuras de IA es una tarea en auge en el ámbito de la ciberseguridad, y su importancia solo aumentará a medida que la sociedad dependa más de las tecnologías inteligentes.

Incluso para quienes no trabajan en la era digital, la importancia de la ciberseguridad afecta la vida cotidiana. Cuando alguien revisa su cuenta bancaria, usa una identificación digital, se registra en una plataforma segura o incluso activa un dispositivo inteligente, depende de capas de seguridad invisibles para funcionar correctamente. Cualquier violación de esta protección puede causar inconvenientes, daños financieros o la pérdida total del control sobre las estructuras personales.

La ciberseguridad también es fundamental para las preocupaciones éticas en la tecnología. A medida que los sistemas adquieren y analizan enormes cantidades de información, deben hacerlo de forma responsable. Las medidas de seguridad ayudan a garantizar que la recopilación de datos respete el consentimiento del usuario, la transparencia y la equidad. Protegen contra algoritmos discriminatorios, la explotación de datos y la extralimitación de las empresas, brindando a los clientes la seguridad de que sus datos se tratan correctamente.

La ciberseguridad se trata de resiliencia. En un mundo donde los sistemas virtuales son cruciales para casi todos los aspectos de la vida, la resiliencia significa poder detectar, responder y recuperarse de ataques sin sufrir daños permanentes. No solo incluye defensas técnicas, sino también regulaciones, educación y un estilo de vida que priorizan la seguridad como una responsabilidad compartida. A medida que la frontera entre la vida física y la digital se difumina, la ciberseguridad se convierte en la base sobre la que se sustentan la libertad, la innovación, la protección y el desarrollo.

1.4. Principios de la ciberseguridad

La ciberseguridad, en esencia, se rige por estándares fundamentales que configuran el diseño, la implementación y el mantenimiento de sistemas seguros en todo el panorama digital. Estos estándares no son meros principios abstractos;

sientan las bases para acciones, normas y tecnologías tangibles que protegen la información, las redes y los activos digitales. Ya sea que se apliquen a usuarios individuales, redes corporativas, estructuras gubernamentales o infraestructura global de internet, los principios de la ciberseguridad sirven como pilares duraderos que guían a los profesionales de la seguridad en la construcción de defensas resilientes contra amenazas en constante evolución.

El primer y quizás el mayor principio fundamental de la ciberseguridad es la confidencialidad. Este precepto se refiere a la obligación de mantener la información oculta a personas o sistemas no autorizados. La confidencialidad garantiza que la información confidencial, como contraseñas, información privada, registros científicos, secretos comerciales o inteligencia militar, esté mejor accesible solo para quienes cuenten con autorización expresa. Para garantizar la confidencialidad, las empresas implementan mecanismos como el cifrado, controles de acceso, protocolos de autenticación y estructuras de categorías. Una violación de la confidencialidad puede tener consecuencias graves, desde el robo de identidad personal hasta la vulneración de la seguridad nacional, lo que subraya su importante función en todos los sistemas de protección.

Estrechamente vinculado a la confidencialidad está el principio de integridad, que se refiere a la exactitud y fiabilidad de los datos. La integridad significa que la información permanece inalterada, salvo por terceros, y que no puede modificarse, eliminarse ni falsificarse sin ser detectada. En la práctica, esto implica el uso de algoritmos de hash, firmas digitales y sistemas de control de versiones que detectan modificaciones no autorizadas. La integridad es vital no solo para la fiabilidad, sino también para el correcto funcionamiento de los sistemas de software, la información financiera, los archivos penales y la información médica. Si la integridad de los datos se ve comprometida, ya sea de forma intencionada o accidental, las consecuencias pueden variar desde información incorrecta y disputas judiciales hasta desastres catastróficos en los sistemas.

El principio fundamental de 1/3 es la disponibilidad. Este principio garantiza que los usuarios legales tengan acceso ininterrumpido a la información y los sistemas cuando lo necesiten. La disponibilidad se ve frecuentemente comprometida por ataques como ataques de denegación de servicio distribuido (DDoS), fallos de hardware o errores orgánicos. Las contramedidas incluyen sistemas redundantes, protocolos de respaldo robustos e infraestructura de equilibrio de carga diseñada para gestionar picos de demanda o la recuperación tras interrupciones. Sin disponibilidad, incluso las estructuras más seguras resultan inútiles. En sectores vitales como la sanidad, las finanzas o los servicios de emergencia, la inactividad del sistema puede provocar la muerte o importantes daños económicos.

En conjunto, la confidencialidad, la integridad y la disponibilidad conforman lo que se conoce ampliamente en el ámbito de la ciberseguridad como la Tríada de la CIA. Estas tres ideas constituyen la piedra angular de cualquier marco de ciberseguridad y deben equilibrarse correctamente en función del contexto único y los objetivos de protección de una agencia o sistema.

Otro principio fundamental es la autenticación, la forma de verificar la identidad de un usuario, herramienta o dispositivo. La autenticación garantiza que las entidades sean quienes dicen ser antes de otorgar acceso a información o servicios. Esto suele lograrse mediante credenciales como contraseñas, escaneos biométricos, certificados virtuales o mecanismos de autenticación multifactor que combinan algo que el usuario sabe (como una contraseña), algo que posee (como un token) y algo que es (como una huella dactilar). La autenticación robusta reduce el riesgo de acceso no autorizado y es especialmente importante en sistemas que involucran datos confidenciales o de alto costo.

El principio de autorización, estrechamente relacionado con la autenticación, determina qué puede hacer un usuario o dispositivo autenticado. Incluso después de verificar la identidad, es fundamental implementar límites de movimiento y acceso a las etapas. Esto se suele implementar mediante el Control de Acceso Basado en Roles (RBAC), en el que a los usuarios se les asignan roles con permisos específicos. Por ejemplo, un dispositivo de un centro de salud podría permitir a los médicos ver y modificar la información del paciente, mientras que al personal de enfermería solo se le permite acceder a ella. Los mecanismos de autorización eficaces evitan la escalada de privilegios, las amenazas internas y el uso indebido no intencionado de la información.

El no repudio es otro principio clave de ciberseguridad que garantiza que ninguna parte pueda negar la autenticidad de sus acciones o comunicaciones. Esto es especialmente importante en transacciones digitales, acuerdos penales o comunicaciones delicadas donde la responsabilidad es vital. El no repudio se logra mediante tecnologías como firmas virtuales, registros de auditoría y protocolos de comunicación estables que registran y verifican cada paso de una transacción. Garantiza que las personas o entidades no puedan declarar posteriormente que no participaron en una acción específica, lo que proporciona una vía de prueba en caso de disputas o investigaciones.

El principio de rendición de cuentas va de la mano con el de no repudio. La rendición de cuentas exige que cada acción realizada en un sistema pueda rastrearse hasta un usuario o proceso específico. Implica un registro, seguimiento y auditoría meticulosos de las actividades del sistema para detectar anomalías y analizar incidentes. Sin responsabilidad, identificar y responder a las infracciones se vuelve extremadamente difícil. También desempeña un papel preventivo, ya que es menos probable que los usuarios hagan un mal uso de los sistemas al saber que sus acciones se registran.

Otro principio rector es el de privilegios mínimos, que establece que los clientes y los sistemas deben tener el nivel mínimo de acceso necesario para realizar sus funciones. Esto minimiza la pérdida de capacidad en caso de una vulneración o uso indebido. Por ejemplo, una persona encargada de generar informes no debe tener privilegios administrativos que permitan la instalación de software o la configuración del sistema. La aplicación del principio de privilegios mínimos limita la zona de ataque y ayuda a aislar las vulneraciones cuando surgen.

La defensa intensiva es un precepto estratégico que implica la superposición de varios mecanismos de seguridad para proteger los sistemas. En lugar de depender de una sola barrera, la defensa extensiva asume que los atacantes vulnerarán ciertas defensas y, en consecuencia, implementa múltiples controles superpuestos en diferentes etapas, incluyendo firewalls, sistemas de detección de intrusiones, seguridad de endpoints, controles de acceso y capacitación de usuarios. Esta redundancia aumenta la resiliencia y proporciona tiempo para detectar y responder a las amenazas antes de que causen daños.

El principio de protección mediante el diseño enfatiza que la ciberseguridad debe integrarse en los sistemas y el software desde el principio, en lugar de implementarse a posteriori. Esto incluye la incorporación de prácticas de codificación estables, evaluaciones de código regulares, modelado de riesgos y una arquitectura estable en cada fase del desarrollo de software. Al abordar las vulnerabilidades durante la fase de diseño, los equipos pueden reducir los riesgos a largo plazo y evitar costosas reparaciones tras la implementación.

La separación de responsabilidades es otro principio valioso, especialmente en empresas grandes o entornos de alta seguridad. Garantiza que ninguna persona tenga control total sobre una función o proceso vital. Por ejemplo, quien aprueba una transacción financiera no debe ser la misma persona que la inicia. Al distribuir responsabilidades, las empresas pueden reducir el riesgo de fraude, colusión y errores.

Los valores predeterminados de seguridad constituyen un principio de precaución: a menos que a un usuario o dispositivo se le conceda acceso explícito, este debe denegarse por defecto. Esta técnica conservadora minimiza la exposición accidental e impone un control más estricto sobre las áreas sensibles. Se alinea con la idea de que la seguridad no se trata de conveniencia, sino de advertencia y control.

Otro principio innovador es la resiliencia, que va más allá de la simple prevención de brechas, para garantizar que las estructuras se recuperen rápidamente y sigan funcionando incluso después de un ataque. La resiliencia consiste en estructuras de respaldo robustas, planes de recuperación ante desastres, equipos de respuesta a incidentes y mecanismos de seguridad adaptativos que analizan amenazas pasadas. El objetivo no es lograr una protección perfecta —un reto imposible—, sino limitar los daños, reducir el tiempo de inactividad y adaptarse a las amenazas cambiantes.

En el ecosistema digital internacional actual, el principio de cumplimiento normativo también desempeña un papel crucial. Las organizaciones deben adherirse a las leyes, normas y requisitos empresariales, como el Reglamento General de Protección de Datos (RGPD), la Ley de Portabilidad y Responsabilidad del Seguro Médico (HIPAA) o el Estándar de Seguridad de Datos de la Industria de Tarjetas de Pago (PCI DSS). El cumplimiento normativo garantiza que las empresas mantengan un nivel mínimo de ciberseguridad y respeten los derechos y la privacidad de las personas. El incumplimiento puede acarrear consecuencias penales, daños a la reputación y pérdida de confianza.

Finalmente, el principio de capacitación y reconocimiento de personas reconoce que la generación por sí sola no puede garantizar la ciberseguridad. El comportamiento humano suele ser el eslabón más débil de la cadena de seguridad. Los ataques de phishing, la mala gestión de contraseñas y el intercambio descuidado de información son ejemplos de cómo los usuarios desinformados pueden socavar incluso las estructuras de protección más avanzadas. Promover una cultura de reconocimiento, capacitar regularmente a los usuarios e incentivar la vigilancia son componentes fundamentales de cualquier aplicación de ciberseguridad.

En conjunto, estas ideas forman un marco cohesivo para construir estructuras estables, honestas y resilientes. No son principios aislados, sino indicadores interdependientes que deben implementarse de forma integral. A medida que el panorama de la ciberseguridad se adapta al auge de la inteligencia artificial, la computación cuántica y los nuevos vectores de ataque, estas ideas fundamentales seguirán siendo la base sobre la que se construirán las defensas futuras.

1.5. Evolución de las ciberamenazas

La evolución de las ciberamenazas es un proceso complejo y dinámico que refleja el rápido desarrollo de la propia tecnología. Desde los inicios de la informática privada hasta la era de la inteligencia artificial y las redes cuánticas, las ciberamenazas se han adaptado constantemente, creciendo en sofisticación, escala e impacto. Comprender esta evolución es fundamental para comprender por qué la ciberseguridad moderna ya no es solo un problema técnico, sino una necesidad esencial para gobiernos, empresas y particulares.

En las primeras etapas de la informática, durante las décadas de 1970 y 1980, las ciberamenazas eran rudimentarias y, en gran medida, exploratorias. Los primeros hackers solían ser aficionados o académicos que buscaban comprobar las limitaciones de los dispositivos en lugar de causar daños. Uno de los primeros virus informáticos conocidos, Creeper, surgió a principios de la década de 1970. No era malicioso; simplemente mostraba un mensaje: "¡Soy Creeper, atrápame si puedes!". Esto vino acompañado de la introducción de Reaper, un programa diseñado para eliminar Creeper, un precursor primitivo de los antivirus actuales. Durante este período, el concepto de malware se volvió en gran parte teórico, y la protección se redujo al mínimo debido al aislamiento de los sistemas y al acceso restringido de los usuarios.

La década de 1990 presenció un cambio de motivación. A medida que internet se comercializó y los sistemas informáticos se introdujeron en hogares y oficinas de todo el mundo, surgieron nuevas posibilidades de explotación. El malware comenzó a proliferar, impulsado por intereses, ideologías o travesuras. Virus como Michelangelo y Melissa se propagaron a través de disquetes y archivos adjuntos de correo electrónico, a menudo causando interrupciones en lugar de robos directos. El infame troyano ILOVEYOU, surgido en el año 2000, causó miles de millones en daños al propagarse inesperadamente por correo electrónico, aprovechando la interacción y la curiosidad humanas. Esta generación puso de manifiesto el potencial negativo del malware de distribución masiva.

Con el avance del nuevo milenio, las ciberamenazas adquirieron una naturaleza cada vez más criminal. A principios de la década de 2000, la ciberdelincuencia se convirtió en una actividad comercial. La ventaja financiera se convirtió en el principal motivo de motivación, y los ciberdelincuentes comenzaron a formar redes preparadas. Se desarrollaron troyanos, adware y keyloggers para robar credenciales bancarias y registros privados. Los correos electrónicos de phishing incitaban a los clientes a revelar sus contraseñas o descargar archivos adjuntos maliciosos. El fraude en línea, el robo de identidad y el robo de tarjetas de crédito se generalizaron. Estos ataques se centraron tanto en particulares como en empresas, y su éxito se vio facilitado por la creciente complejidad de las redes y la mayor dependencia de las transacciones digitales.

A finales de la década de 2000 y principios de la de 2010 surgieron las Amenazas Persistentes Avanzadas (APT). A diferencia de los ataques anteriores, que solían ser rápidos e indiscriminados, las APT eran lentas, sigilosas y claramente dirigidas. Las agencias de ciberespionaje financiadas por el Estado se convirtieron en actores destacados en este ámbito, a menudo operando con objetivos geopolíticos. El fallo de seguridad de Stuxnet, descubierto en 2010, es uno de los ejemplos más destacados. Diseñado para sabotear las instalaciones de enriquecimiento nuclear de Irán, marcó una nueva generación de ciberguerra, donde el código debía tener consecuencias físicas e internacionales. Este evento confirmó que las regiones geográficas debían expandir el malware capaz de realizar sabotajes precisos, transformando la forma en que el mundo percibía las amenazas a la ciberseguridad.

Durante el mismo período, el hacktivismo también cobró impulso. Surgieron grupos como Anonymous y LulzSec, que llevaban a cabo ataques con fines políticos contra empresas, gobiernos e instituciones. Estos actores utilizaban ataques de denegación de servicio distribuido (DDoS), filtraciones de datos y desfiguraciones de sitios web para promover sus intereses o tomar represalias contra injusticias percibidas. Si bien sus objetivos diferían de los de los delincuentes tradicionales, su impacto podía ser igualmente disruptivo, especialmente cuando exponían información confidencial o dejaban fuera de servicio sistemas esenciales.

A mediados de la década de 2010, el ransomware comenzó a dominar el panorama de las oportunidades. Este tipo de malware cifra los archivos de la víctima y exige un pago, frecuentemente en criptomonedas, por la clave de descifrado. El ransomware evolucionó rápidamente de oportunista a estratégico. Los ciberdelincuentes comenzaron centrándose en hospitales, municipios, universidades y operadores de infraestructura, reconociendo que estas corporaciones eran más propensas a pagar rápidamente para restablecer sus operaciones. Ataques de alto perfil como WannaCry en 2017, que afectó a más de 200.000 ordenadores en más de 150 países, ilustraron el alcance devastador del ransomware moderno. Cabe destacar que estos ataques ocasionalmente explotaban vulnerabilidades filtradas de organizaciones de inteligencia, lo que pone de manifiesto cómo las armas cibernéticas pueden escapar de control.

A medida que la generación avanzaba, también lo hacía la sofisticación de las ciberamenazas. El auge de los teléfonos inteligentes, los dispositivos del Internet de las Cosas (IdC) y la computación en la nube añadió nuevos vectores de ataque. Estas tecnologías aceleraron enormemente la superficie de ataque, y muchos dispositivos carecían de protecciones de seguridad básicas. Los televisores inteligentes, los termostatos, los dispositivos científicos y las estructuras de control empresarial se convirtieron en nuevos objetivos de explotación. Botnets como Mirai, que secuestraban dispositivos del IdC para lanzar grandes ataques DDoS, ejemplificaron esta tendencia. Estas tendencias revelaron que el desafío de la ciberseguridad ya no se limitaba a los ordenadores convencionales, sino que se había extendido a la esencia misma de la vida conectada actual.

Simultáneamente, el sistema financiero clandestino cibernético maduró. Los foros y los mercados de la dark web facilitaron la venta de malware, credenciales robadas, kits de explotación y servicios de hacking. Las estructuras de malware como servicio (MaaS) y ransomware como servicio (RaaS) redujeron la barrera de entrada, permitiendo incluso a delincuentes sin conocimientos técnicos lanzar ataques devastadores. Esta comercialización del cibercrimen aportó escalabilidad y rendimiento a lo que antes era un dominio desorganizado. Ahora, los atacantes podían alquilar equipos, compartir recomendaciones o asociarse de forma asociada, lo que provocó un aumento exponencial de las campañas de ataque.

La década de 2020 trajo consigo una nueva dimensión a la evolución de las ciberamenazas: la inteligencia artificial (IA) y el aprendizaje automático (ML). Estas tecnologías ya no solo las utilizan los defensores, sino también los atacantes. Los actores maliciosos pueden usar la IA para crear mensajes de phishing más convincentes, evadir las estructuras de detección o detectar vulnerabilidades con mayor rapidez. Los deepfakes (audio o vídeo artificial generado por IA) pueden suplantar la identidad de personas con una precisión alarmante, lo que supone riesgos para la política, las negociaciones empresariales y la confianza social. La capacidad del malware independiente para aprender y adaptarse en tiempo real es un desafío creciente, lo que sugiere que las futuras amenazas serán más esquivas e impredecibles que nunca.

Al mismo tiempo, la pandemia intensificó la transformación virtual, obligando a agencias, gobiernos y escuelas a implementar sistemas remotos a un ritmo notable. Este cambio expandió el perímetro digital y creó vulnerabilidades en las redes privadas virtuales (VPN), los protocolos de computadoras remotas (RDP) y las plataformas en la nube. Los ciberdelincuentes aprovecharon el caos, lanzando campañas de phishing con temática de pandemia y centrándose en las cadenas de suministro. El ataque a SolarWinds a finales de 2020, que comprometió a varias empresas gubernamentales y privadas mediante actualizaciones de software, puso de manifiesto la complejidad y la profunda integración de las ciberamenazas.

Otra preocupación creciente es la creciente integración de las estructuras ciberfísicas y físicas, denominadas estructuras ciberfísicas (CPS). Infraestructuras críticas como las redes eléctricas, los sistemas de transporte y las plantas de tratamiento de agua dependen cada vez más de sistemas digitales interconectados. Un ciberataque exitoso contra estas infraestructuras podría causar daños masivos en la práctica. El ataque de 2021 al oleoducto Colonial en Estados Unidos, que provocó escasez de gas en toda la Costa Este, es un claro recordatorio del impacto tangible de los incidentes cibernéticos.

De cara al futuro, las tecnologías emergentes, junto con la computación cuántica, podrían presentar tanto oportunidades como desafíos. Si bien el cifrado cuántico garantiza una seguridad excepcional, el descifrado cuántico debería dejar obsoletos los métodos criptográficos modernos. La ciberseguridad deberá evolucionar a la par de estos avances para anticiparse a las amenazas a la capacidad. Prepararse para un mundo poscuántico implica replantear los estándares de cifrado y garantizar que los sistemas desarrollados hoy en día se adapten a las capacidades cuánticas del futuro.

La evolución de las ciberamenazas no es lineal, sino cíclica y adaptativa. Los atacantes aprenden de los defensores, estos analizan de los atacantes, y cada nueva innovación abre la puerta tanto al desarrollo como al peligro. Lo que comenzó como simples bromas e interés se ha convertido en un importante escenario de guerra, comercio y control. A medida que nos adentramos en la era virtual, conocer la trayectoria de las ciberamenazas es fundamental para construir sistemas resilientes y fomentar un estilo de vida de protección proactivo, no reactivo.

Las ciberamenazas seguirán adaptándose, aprovechando las nuevas tecnologías, las dinámicas sociales y las debilidades sistémicas. La vigilancia, la colaboración y la innovación siguen siendo cruciales para afrontar las amenazas del futuro, porque en ciberseguridad, la constante más importante es la innovación.

CAPÍTULO 2

Prácticas esenciales de seguridad

2.1. Creación y gestión de contraseñas seguras

En el enorme panorama digital del mundo interconectado actual, la contraseña sigue siendo una de las medidas de protección más esenciales, pero también vulnerables. A pesar de la evolución de los mecanismos de protección superiores, las contraseñas siguen siendo los principales guardianes de nuestra información personal, financiera y profesional. Su simplicidad y ubicuidad las hacen importantes y deseables. La capacidad de crear y manipular contraseñas seguras no es solo una obligación personal, sino un elemento crucial de la seguridad cibernética global.

Históricamente, las contraseñas se habían diseñado como una técnica honesta para verificar la identidad. En los inicios de la informática, los sistemas estaban aislados y el riesgo de acceso no autorizado era extremadamente bajo. Una simple cadena alfanumérica era bastante común. Sin embargo, a medida que las redes crecían y más servicios se movían a internet (correo electrónico, banca, atención médica, redes sociales), el panorama de riesgos cambió drásticamente. Las contraseñas comenzaron a proteger no solo los sistemas, sino también las identidades, los secretos y los medios de vida. Y con ello, se convirtieron en objetivos prioritarios para los ciberdelincuentes.

Uno de los problemas centrales en torno a la protección de contraseñas reside en el comportamiento humano. Las personas tienden a elegir contraseñas fáciles de recordar: nombres, fechas de nacimiento, frases sencillas o secuencias repetidas como "123456" o "contraseña". Estas selecciones predecibles facilitan considerablemente los ataques de fuerza bruta y de diccionario para los ciberdelincuentes. Estudios han demostrado que una gran parte de los usuarios de internet aún utilizan contraseñas extremadamente vulnerables. En 2022, "123456" siguió siendo una de las contraseñas más utilizadas a nivel mundial. Este comportamiento no solo es arriesgado, sino también peligroso, especialmente cuando se reutiliza la misma contraseña en varias cuentas.

Una contraseña robusta no siempre es simplemente larga, sino también compleja, impredecible y precisa. Idealmente, debería contener una combinación de mayúsculas y minúsculas, números y caracteres únicos. Las combinaciones aleatorias de palabras o caracteres no relacionados aumentan notablemente la resistencia a los ataques automatizados. Por ejemplo, una contraseña como "B!7#tY29* Lpp.Cr @" es exponencialmente más estable que algo como "sunshine1". La clave está en la entropía: el grado de aleatoriedad. Cuanto mayor sea la entropía, más difícil será descifrar o descifrar la contraseña, a pesar de los potentes algoritmos.

Sin embargo, la fuerza por sí sola no es suficiente. Un control adecuado es igualmente importante. No es raro que los clientes tengan docenas, incluso muchísimas, de cuentas en diferentes sistemas. Recordar una contraseña única y segura para cada una es imposible sin ayuda. Aquí es donde entran en juego los administradores de contraseñas. Estas herramientas generan, almacenan y autocompletan contraseñas complejas para cada sitio web o servicio, todo protegido con una sola contraseña maestra. Administradores de contraseñas populares, como LastPass, Bitwarden y 1Password, utilizan cifrado para proteger la bóveda, lo que reduce drásticamente la memorización y mejora la seguridad general.

Otro aspecto crucial de la higiene de las contraseñas es la actualización periódica. Las contraseñas deben cambiarse periódicamente, especialmente si hay algún indicio de vulnerabilidad. Por ejemplo, si un empleador informa de una filtración de datos y sus credenciales podrían haberse filtrado, es fundamental cambiar la contraseña de inmediato. Muchas organizaciones ofrecen ahora servicios de alerta de filtración, que notifican a los clientes si su correo electrónico o contraseña aparecen en volcados de datos conocidos. Ser proactivo ante estas señales puede prevenir aún más la explotación.

La autenticación multifactor (MFA) o autenticación de elementos (2FA) también debería considerarse una extensión de la seguridad de las contraseñas. Con la MFA, aunque se robe una contraseña, el atacante no puede acceder a la cuenta sin un paso de verificación adicional, como una huella dactilar, un código de autenticación de la aplicación o un código de SMS de un solo uso. Este enfoque por capas mejora drásticamente la seguridad y se recomienda especialmente para cuentas sensibles como correo electrónico, banca y almacenamiento en la nube.

El phishing sigue siendo uno de los métodos más prácticos que utilizan los atacantes para obtener contraseñas. Se engaña a los usuarios para que introduzcan sus credenciales en páginas de inicio de sesión falsas o respondan a mensajes engañosos. Estos ataques suelen ser bastante sofisticados, imitando servicios legítimos con una precisión alarmante. Es fundamental educar a los usuarios para que comprendan los intentos de phishing, verificar las URL y evitar introducir contraseñas en sitios web sospechosos. Las funciones y complementos de seguridad del navegador también pueden ayudar a identificar y bloquear dominios de phishing.

Desde una perspectiva organizacional, implementar políticas de contraseñas robustas es fundamental en la estrategia de ciberseguridad. Las empresas deben exigir al personal que use contraseñas seguras, las intercambie con frecuencia y evite reutilizarlas en diferentes estructuras internas. La formación en seguridad debe abarcar las buenas prácticas de contraseñas y los riesgos asociados a su uso indebido. Además, los administradores de dispositivos deben implementar reglas de bloqueo de cuentas para evitar intentos de ataque y recordar la autenticación biométrica o las respuestas de inicio de sesión único para un rendimiento y una seguridad avanzados.

El futuro de las contraseñas también es objeto de un amplio debate. La Alianza FIDO y diferentes líderes empresariales trabajaban en requisitos de autenticación sin contraseña. Estos sistemas se basan en biometría, tokens de hardware o criptografía de clave pública para confirmar la identidad sin necesidad de memorizar una cadena. Si bien su adopción continúa, la transición hacia sistemas sin contraseña debería representar un gran avance en ciberseguridad, eliminando uno de los eslabones más débiles de la cadena de seguridad. Sin embargo, hasta que estas estructuras se generalicen, las contraseñas seguirán siendo el método predeterminado para proteger el acceso, y su gestión seguirá siendo vital.

Incluso decisiones aparentemente menores pueden marcar una diferencia considerable. Evitar información privada en las contraseñas, no escribirlas nunca a la vista de nadie y no compartirlas, ni siquiera con personas de confianza, son prácticas sencillas pero eficaces. Asimismo, usar una contraseña diferente para cada servicio garantiza que, si una cuenta es vulnerada, las demás permanezcan protegidas.

Los niños y adolescentes, que suelen ser pioneros en la adopción de nuevas plataformas y dispositivos, también necesitan estar bien informados sobre prácticas seguras para el uso de contraseñas. Las escuelas y los padres tienen la responsabilidad de inculcar estas conductas desde pequeños, ya que los usuarios más jóvenes podrían no comprender plenamente los efectos de una seguridad deficiente. El ciberacoso, el robo de cuentas y el robo de identidad pueden provenir de algo tan aparentemente inocente como una contraseña vulnerable o reutilizada.

La importancia de las contraseñas seguras va más allá de la seguridad privada. Las credenciales débiles pueden provocar brechas de seguridad a gran escala, exponiendo no solo a la persona, sino también a sus contactos, su centro de administración y sus redes afiliadas. Por ejemplo, los atacantes suelen usar contraseñas comprometidas para realizar ataques laterales, accediendo a estructuras más amplias aprovechando un punto débil. Por lo tanto, la protección de contraseñas no siempre es un problema aislado, sino una responsabilidad compartida en el entorno virtual.

Crear y gestionar contraseñas robustas minimiza los riesgos. Es el primer paso, y el más fundamental, para establecer una identidad digital sólida. Si bien ya no es infalible, una contraseña bien diseñada, respaldada por un excelente sistema de control y reforzada con capas de autenticación adicionales, puede frustrar la mayoría de los ataques comunes. A medida que las ciberamenazas se adaptan, la necesidad de que las personas adopten prácticas responsables con el uso de contraseñas se vuelve cada vez más urgente. En una era donde la información es moneda corriente, proteger el acceso a ella comienza con una decisión meditada: elegir una contraseña más segura.

2.2 Navegación en Internet y privacidad

Internet ha revolucionado la forma en que las personas interactúan, se comunican, investigan y realizan negocios. Ofrece acceso inmediato a datos y conectividad internacional. Sin embargo, la misma comodidad que empodera a los usuarios también los expone a una compleja red de riesgos de privacidad. Navegar por internet, aunque se considera un pasatiempo inocente, es uno de los aspectos más monitoreados y explotados de la vida virtual actual. Cada clic, búsqueda y página visitada genera datos : registros que pueden rastrearse, venderse, analizarse o incluso utilizarse como arma. Comprender las implicaciones de la navegación web para la privacidad es fundamental para proteger la información personal, preservar la autonomía digital y mantener la integridad de la ciberseguridad.

Cuando una persona navega por internet, deja tras de sí un rastro digital conocido como "huella digital". Este rastro incluye sitios web visitados, historial de búsqueda, información de la región, metadatos del navegador, huellas digitales del dispositivo y, ocasionalmente, incluso patrones de comportamiento como la velocidad de desplazamiento y las acciones del ratón. Si bien parte de esta información se recopila para mejorar la experiencia del usuario o personalizar el contenido, gran parte se recopila con fines publicitarios, de vigilancia o maliciosos. Los anunciantes utilizan cookies de seguimiento y balizas web para crear perfiles precisos de los usuarios. Estos perfiles se utilizan para dirigirse a los usuarios con anuncios específicos, controlar su comportamiento o influir en los procesos de toma de decisiones, a veces sin que los usuarios sean conscientes de que están siendo vigilados tan de cerca.

Los navegadores web en sí mismos no son herramientas neutrales. Cada navegador incluye niveles específicos de protección de la privacidad. Algunos navegadores comunes, como Chrome, recopilan grandes cantidades de datos de los usuarios, vinculando su actividad a las cuentas personales de Google para servicios sincronizados. Por otro lado, los navegadores orientados a la privacidad, como Mozilla Firefox, Brave o Tor, ofrecen configuraciones más robustas para bloquear rastreadores, anonimizar el tráfico y restringir la exposición de datos. Los usuarios preocupados por la privacidad deben explorar las funciones de sus navegadores preferidos y considerar cambiar a opciones que prioricen la protección de datos por defecto.

Las cookies son una de las herramientas más utilizadas en la monitorización web. Mientras que las cookies de origen suelen utilizarse para recordar los datos de inicio de sesión y las preferencias en un sitio web, las cookies de terceros permiten a los anunciantes y agentes de noticias rastrear a los usuarios en varios sitios web. Por ejemplo, visitar un sitio web de noticias que carga anuncios de una red de terceros podría permitir que dicha red monitoree su comportamiento mientras navega por páginas no relacionadas. Los navegadores modernos permiten bloquear las cookies de terceros, y políticas como el Reglamento General de Protección de Datos (RGPD) y la Ley de Privacidad del Consumidor de California (CCPA) exigen que los sitios web obtengan el consentimiento de los usuarios antes de monitorizarlos. Sin embargo, muchas personas, sin saberlo, siguen aceptando un seguimiento excesivo al aceptar banners de cookies sin leer los términos.

Los motores de búsqueda también desempeñan un papel fundamental en la privacidad de la navegación. Los motores de búsqueda más populares, como Google y Bing, registran las consultas de búsqueda, las asocian con las cuentas de usuario o direcciones IP y las utilizan para crear perfiles publicitarios. Para los usuarios que priorizan el anonimato, alternativas como DuckDuckGo o Startpage ofrecen búsquedas privadas sin registrar información identificable. Cambiar a estos servicios puede ayudar a reducir la exposición de los datos, a la vez que ofrece resultados de búsqueda precisos y beneficiosos.

Otro tema importante es la huella digital del navegador, una técnica para identificar a los usuarios basándose en la combinación específica de su dispositivo, sistema operativo, configuración del navegador, resolución de pantalla, fuentes instaladas y plugins. A diferencia de las cookies, que se pueden borrar o bloquear, las huellas digitales son mucho más difíciles de evitar y los rastreadores suelen utilizarlas para identificar a los usuarios incluso en navegación privada o en modo incógnito. Algunas herramientas avanzadas de privacidad intentan neutralizar la huella digital haciendo que todos los usuarios parezcan iguales o aleatorizando las características de identificación.

El uso del modo privado o de incógnito puede ser útil, pero a menudo se malinterpreta. El modo de incógnito no hace invisible a una persona en línea. Simplemente impide que el navegador guarde registros de navegación, cookies o registros de formulario localmente. No oculta la actividad de los sitios web visitados, los proveedores de servicios de internet (ISP) ni los gobiernos. Para un anonimato más robusto, los usuarios deben usar herramientas como las redes privadas virtuales (VPN), que cifran el tráfico y ocultan la dirección IP del usuario, o la red Tor, que dirige el tráfico a través de varios repetidores a un origen y destino difíciles de comprender.

Las redes Wi-Fi públicas representan otro riesgo grave para la privacidad de la navegación. Las redes inseguras o con poca seguridad pueden permitir a los atacantes interceptar comunicaciones, inyectar contenido malicioso o realizar ataques de intermediario. Al usar redes públicas, el cifrado cobra importancia. HTTPS, el modelo seguro de HTTP, garantiza que la conexión entre el navegador y el sitio web esté cifrada. Herramientas como HTTPS Everywhere, una extensión para navegadores desarrollada por la Electronic Frontier Foundation, obligan a los sitios web a usar HTTPS siempre que sea posible. También es recomendable usar VPN al acceder a servicios sensibles en conexiones públicas.

Los corredores de datos y los anunciantes no son las entidades más sencillas que se interesan por el comportamiento de navegación. Gobiernos, grupos de inteligencia y organismos reguladores vigilan regularmente la actividad en internet. En algunos países, el comportamiento de navegación es monitoreado y censurado. Se pueden bloquear sitios web, filtrar búsquedas y sancionar a los usuarios por acceder a ciertos tipos de datos. En estos casos, la privacidad no se limita a protegerse de la publicidad, sino que se convierte en una cuestión de libertades civiles y protección personal. Activistas, periodistas y disidentes dependen del cifrado, la navegación anónima y los sistemas de comunicación seguros para realizar su trabajo sin temor a represalias.

Muchos sitios web también solicitan permisos que pueden comprometer la privacidad. Estos incluyen el acceso al contenido de la ubicación, el micrófono, la cámara o incluso el portapapeles. Si bien algunos de estos permisos son necesarios para la funcionalidad (como la ubicación para mapas o el micrófono para videollamadas), muchos son excesivos o se abusa de ellos. Los usuarios deben revisar con frecuencia los permisos que han otorgado a los sitios web y revocar cualquier acceso innecesario. Los navegadores modernos permiten un control preciso de estas configuraciones y pueden alertar a los usuarios cuando los sitios solicitan privilegios inusuales.

Más allá de las medidas técnicas, la educación desempeña un papel esencial para mantener la privacidad al navegar. Los usuarios deben estar alerta ante las estafas de phishing, los sitios web falsos y las redirecciones maliciosas. Hacer clic en un enlace supuestamente válido puede inducir a un dominio malicioso diseñado para robar credenciales o infectar dispositivos con malware. Revisar siempre las URL, evitar enlaces sospechosos y no acceder a información personal en páginas no verificadas son prácticas básicas pero importantes.

Los niños y adolescentes son los más vulnerables. Navegan frecuentemente por internet sin supervisión y podrían no ser conscientes de los riesgos para la privacidad asociados a su comportamiento. Los controles parentales, los modos de navegación seguros y la formación adaptada a su edad son fundamentales para ayudar a los jóvenes a navegar por el mundo digital de forma responsable. Tanto las escuelas como los padres deben fomentar la alfabetización digital, enfatizando la importancia de la privacidad y las posibles consecuencias de un comportamiento descuidado en línea.

Proteger la privacidad de la navegación en internet requiere una combinación de equipo, comportamiento y concentración. No siempre basta con instalar una VPN o bloquear las cookies. Los usuarios deben adoptar una mentalidad proactiva: una que considere la información privada como valiosa y vulnerable. A medida que la vigilancia se vuelve más sofisticada y los algoritmos basados en estadísticas adquieren mayor influencia sobre las decisiones habituales, la capacidad de controlar la privacidad de la navegación es una forma de empoderamiento. Se trata de reclamar el derecho a explorar internet libremente, sin ser vigilado, perfilado ni manipulado.

En un futuro cada vez más definido por la inteligencia artificial, el contenido centrado y las predicciones algorítmicas, la privacidad al navegar será aún más crucial. Las decisiones tomadas últimamente —elegimos navegadores privados, ciframos conexiones y somos conscientes del comportamiento virtual— sientan las bases para una vida digital más segura y autónoma. La privacidad no es un lujo; es un derecho fundamental que comienza con nuestra forma de navegar.

2.3. Seguridad del correo electrónico y medidas antispam

El correo electrónico se ha convertido en una de las herramientas de comunicación más utilizadas, tanto en entornos privados como profesionales. Su comodidad, rapidez y eficacia lo convierten en una parte esencial de la vida diaria. Sin embargo, su amplio uso también lo convierte en un blanco atractivo para los ciberdelincuentes. Desde estrategias de phishing hasta la transmisión de malware, el correo electrónico sigue siendo uno de los vectores más explotados para los ciberataques. Garantizar la seguridad de las comunicaciones por correo electrónico e implementar medidas antispam eficaces es fundamental para proteger la información personal y organizacional contra amenazas maliciosas.

La protección del correo electrónico es un concepto amplio que abarca numerosas estrategias, equipos y prácticas diseñadas para proteger el contenido de los mensajes, evitar el acceso no autorizado a las cuentas y proteger a los destinatarios de ataques maliciosos. Una protección eficaz del correo electrónico debe abordar varios factores clave, como impedir el acceso no autorizado, garantizar la confidencialidad de los mensajes y proteger contra amenazas maliciosas transmitidas por correo electrónico.

Una de las amenazas más comunes en el correo electrónico es el phishing, en el que los ciberdelincuentes se hacen pasar por organizaciones o personas legítimas para intentar engañar a los destinatarios y que revelen información confidencial, como credenciales de inicio de sesión, datos de cuentas bancarias o datos de identificación personal. Los correos electrónicos de phishing suelen provenir de fuentes confiables, como bancos, organismos gubernamentales o agencias reconocidas, e incluyen solicitudes urgentes, facturas falsas o enlaces engañosos. Estos correos electrónicos suelen incitar al destinatario a hacer clic en enlaces maliciosos o descargar archivos adjuntos infectados. Una vez hecho esto, el destinatario también puede, sin saberlo, proporcionar información confidencial o instalar malware en su dispositivo.

Para protegerse de los ataques de phishing, los usuarios deben adoptar varias prácticas esenciales. En primer lugar, revise siempre con atención la dirección de correo electrónico del remitente, ya que los estafadores suelen usar direcciones que se parecen mucho a las legítimas, pero que contienen pequeñas variaciones o errores ortográficos. En segundo lugar, evite hacer clic en enlaces o descargar archivos adjuntos de correos electrónicos desconocidos o no solicitados, especialmente si el mensaje transmite urgencia o solicita información privada. También es fundamental verificar la legitimidad de un correo electrónico contactando al remitente a través de un canal de comunicación exclusivo, incluyendo un teléfono o un sitio web confiable, en lugar de confiar en la información de contacto proporcionada en el propio correo electrónico.

Una de las maneras más prácticas de prevenir las amenazas del correo electrónico es usar la autenticación multifactor (MFA) en las cuentas de correo. La MFA requiere que los usuarios proporcionen tipos de identidad adicionales, como un código de un solo uso enviado por SMS o generado mediante una aplicación de autenticación, además de su contraseña habitual. Al añadir una capa adicional de protección, la MFA reduce considerablemente el riesgo de acceso no autorizado a las cuentas de correo electrónico, incluso si la contraseña está comprometida. Muchos servicios de correo electrónico, como Gmail, Outlook y Yahoo Mail, ofrecen la

MFA como una función opcional, y se recomienda especialmente a los usuarios que la activen para mejorar la seguridad de sus cuentas.

Otra medida esencial para proteger el correo electrónico es usar contraseñas robustas y únicas para las cuentas. Las contraseñas débiles o reutilizadas representan una gran vulnerabilidad y facilitan a los ciberdelincuentes acceder sin autorización a las cuentas de correo electrónico. Una contraseña robusta suele incluir una combinación de mayúsculas y minúsculas, números y caracteres especiales. Los usuarios deben evitar usar datos fácilmente adivinables, como nombres, fechas de nacimiento o palabras comunes. Los administradores de contraseñas también pueden utilizarse para guardar y generar contraseñas complejas, lo que facilita la gestión segura de múltiples cuentas.

El cifrado de correo electrónico es otro aspecto esencial de la seguridad del correo electrónico. Cuando los mensajes se envían sin cifrado, se transmiten en texto indescifrable, lo que los hace vulnerables a la interceptación por parte de actores maliciosos. El cifrado de correo electrónico garantiza que el contenido de un correo electrónico solo esté disponible para el destinatario previsto y que ninguna persona no autorizada pueda leerlo durante su transmisión. Muchos proveedores de correo electrónico ofrecen funciones de cifrado integradas, y se pueden utilizar herramientas de terceros, como PGP (Pretty Good Privacy) o S/MIME (Secure/Multipurpose Internet Mail

Extensions), para cifrar correos electrónicos. Cifrar comunicaciones de correo electrónico sensibles, como información financiera, documentos penales o información personal, facilita la protección de la confidencialidad y reduce el riesgo de filtraciones de datos.

Además de proteger los correos electrónicos confidenciales, las organizaciones deben implementar protocolos de seguridad para proteger a sus empleados y clientes de las amenazas. Uno de estos protocolos es DMARC (Autenticación, Informes y Conformidad de Mensajes Basados en Dominio), que ayuda a prevenir la suplantación de identidad (spoofing) del correo electrónico. La suplantación de identidad se produce cuando un atacante falsifica la dirección del remitente para que el correo electrónico parezca provenir de una fuente confiable. DMARC permite a las organizaciones autenticar los correos electrónicos salientes y especificar cómo gestionar los correos electrónicos que no superan las comprobaciones de autenticación. Al usar DMARC, las organizaciones pueden reducir la probabilidad de que sus nombres de dominio se utilicen en ataques de phishing y mejorar la seguridad general de su correo electrónico.

El filtrado de correo electrónico es otro dispositivo esencial para bloquear el correo basura, los intentos de phishing y los archivos adjuntos maliciosos. La mayoría de los servicios de correo electrónico incluyen filtros integrados para correo no deseado que detectan y envían automáticamente los mensajes sospechosos a una carpeta independiente. Sin embargo, ninguna limpieza es perfecta, y algunos correos maliciosos pueden llegar a la bandeja de entrada. Para mejorar la protección contra el spam, los usuarios pueden configurar filtros adicionales basados en palabras clave específicas, direcciones de remitente o tipos de contenido. Por ejemplo, muchos filtros de correo basura bloquean los correos electrónicos que incluyen archivos adjuntos maliciosos considerados, como archivos ejecutables (.exe) o comprimidos (.zip), que suelen utilizarse para distribuir malware.

Las organizaciones también pueden instalar soluciones de seguridad empresariales, como las Puertas de Enlace Seguras de Correo Electrónico (SEG), para ofrecer una capa adicional de protección. Las SEG están diseñadas para filtrar y examinar los correos electrónicos entrantes en busca de indicios de actividad maliciosa, como correos de phishing, malware y correo no deseado. Estas soluciones pueden analizar archivos adjuntos, URL y metadatos para localizar contenido sospechoso antes de que llegue a la bandeja de entrada del usuario. Las SEG se incluyen habitualmente en software antivirus y antimalware, lo que garantiza que cualquier amenaza transmitida por correo electrónico se intercepte y neutralice antes de que pueda causar daños.

A pesar de los avances en la tecnología de filtrado y protección del correo electrónico, los usuarios deben mantenerse alerta y mantener una higiene adecuada. Una de las mejores y más sencillas medidas es revisar y actualizar periódicamente los filtros de correo no deseado y la configuración de seguridad del usuario. Los usuarios de correo electrónico también deben tener cuidado al compartir sus direcciones de correo electrónico en línea o suscribirse a listas de correo desconocidas, ya que esto puede aumentar el riesgo de recibir correo basura o malicioso.

Además de las medidas de seguridad, es fundamental capacitar a los usuarios sobre la protección del correo electrónico. Los empleados, en particular, deben recibir capacitación periódica sobre cómo comprender los intentos de phishing, cómo gestionar correos electrónicos sospechosos y cómo enviar información confidencial de forma segura. Al promover un estilo de vida consciente y precavido, los equipos pueden reducir significativamente los riesgos que representan las amenazas del correo electrónico.

La seguridad del correo electrónico y las medidas contra el correo basura son componentes esenciales de un sólido sistema de ciberseguridad. Mediante la adopción de contraseñas robustas, la autenticación multifactor, el cifrado de comunicaciones sensibles, el uso de potentes herramientas de filtrado de correo electrónico y la formación de los usuarios, tanto particulares como empresas pueden reducir considerablemente su exposición a las ciberamenazas del correo electrónico. A medida que los ciberdelincuentes adaptan sus estrategias, mantenerse informado sobre las amenazas actuales y mantener una estrategia proactiva de protección del correo electrónico puede ser clave para proteger la información personal y organizacional.

2.4. Ingeniería social y prevención del robo de identidad

La ingeniería social es un método de manipulación utilizado por ciberdelincuentes para engañar a personas y lograr que divulguen datos confidenciales, como nombres de usuario, contraseñas o información financiera. A diferencia de las técnicas de hacking tradicionales, que se basan en la explotación de vulnerabilidades técnicas, la ingeniería social explota la psicología humana, lo que la convierte en un peligro considerable en el ámbito de la ciberseguridad. La esencia de la ingeniería social reside en engañar a las personas para que eludan los protocolos de seguridad o revelen, sin darse cuenta, información confidencial que pueda utilizarse para cometer fraude, robar identidades o lanzar ciberataques de última generación.

Los ataques de ingeniería social se presentan en diversas formas y pueden ocurrir mediante diversos enfoques, como el phishing, el pretexto, el cebo y el tailgating. Cada uno de estos métodos está diseñado para manipular la confianza, las emociones o la falta de comprensión de la víctima con el fin de obtener información personal o acceder sin autorización a los sistemas. Para prevenir eficazmente el robo de identidad y protegerse de los ataques de ingeniería social, es fundamental comprender las diversas tácticas de ingeniería social y adoptar prácticas de alta calidad para proteger la información personal.

El phishing es uno de los tipos de ingeniería social más comunes y conocidos. En un ataque de phishing, un ciberdelincuente se hace pasar por una entidad legítima, como una institución financiera, una corporación gubernamental o un proveedor conocido, para engañar a la víctima y que revele información confidencial. Los correos electrónicos de phishing suelen contener enlaces a sitios web falsos que parecen casi idénticos a los legítimos. Estos sitios web fraudulentos están diseñados para obtener credenciales de inicio de sesión, números de tarjetas de crédito u otra información personal. Los correos electrónicos también pueden incluir solicitudes urgentes, como "Su cuenta ha sido comprometida. Inicie sesión de inmediato para restablecerla", lo que también anima a las víctimas a actuar con rapidez y sin pensarlo dos veces.

Los ataques de phishing también pueden llevarse a cabo mediante llamadas telefónicas o mensajes de texto, una táctica conocida como "vishing" (phishing de voz) o "smishing" (phishing por SMS). El atacante también puede hacerse pasar por un representante de la empresa, solicitar información confidencial o persuadir a la víctima para que haga clic en enlaces maliciosos. Por ejemplo, un ataque de vishing puede implicar que un estafador se haga pasar por un empleado de una institución financiera y solicite información de verificación de cuenta, alegando problemas técnicos o de seguridad.

Para protegerse de los ataques de phishing, es fundamental mantenerse alerta y desconfiar de los correos electrónicos, mensajes o llamadas telefónicas no solicitados, especialmente aquellos que solicitan información personal o financiera. Una buena práctica es confirmar la legitimidad de la solicitud a través de un canal de comunicación independiente, como llamar directamente a la empresa a través de un número de teléfono verificado o visitar su sitio web oficial. También es fundamental revisar detenidamente la dirección de correo electrónico del remitente y evitar hacer clic en enlaces o descargar archivos adjuntos de mensajes sospechosos.

El pretexto consiste en inventar una historia o situación para obtener información privada de la víctima. El atacante puede hacerse pasar por alguien conocido de la víctima o por una autoridad legítima, como un policía, un agente de asistencia técnica o un representante del empleador. Por ejemplo, un ataque de pretexto puede implicar que un estafador se haga pasar por un técnico del banco de la víctima y solicite información sobre su cuenta con fines de seguridad.

Al usar pretextos, el objetivo del atacante es aprovecharse de la víctima, dándole una posible razón por la que necesita información confidencial. Una vez que el atacante logra obtener confianza, puede manipular a la víctima para que comparta información personal, como números de seguridad social, contraseñas de cuentas u otra información confidencial.

Para protegerse de los pretextos, las personas deben tener cuidado al recibir solicitudes de datos inesperadas, especialmente por teléfono o mediante otras estrategias de comunicación directa. Antes de compartir información personal, es importante solicitar una verificación, como una identificación oficial o un número de referencia autorizado, y contactar con la empresa o autoridad a la que el atacante dice representar. Desconfíe siempre de las solicitudes no solicitadas que impliquen compartir información privada confidencial.

El cebo es una táctica de ingeniería social en la que un atacante ofrece algo atractivo o valioso a cambio de acceder a información privada. El cebo puede consistir en una descarga gratuita, un programa, una pista o un dispositivo físico, como una memoria USB. La idea es inducir a la víctima a actuar ofreciéndole algo que parezca demasiado bueno como para dejarlo pasar.

Un ejemplo de cebo en el ámbito virtual podría ser la activación de una actualización de software falsa o la oferta de contenido de entretenimiento gratuito que provoca la instalación de malware al hacer clic en él. En dispositivos físicos, el cebo podría consistir en dejar memorias USB infectadas en lugares públicos con la esperanza de que alguien las encuentre, las conecte a su ordenador e instale software malicioso sin saberlo.

Para evitar caer en trampas, es fundamental tener cuidado al descargar documentos o hacer clic en ofertas de fuentes desconocidas o no confiables. Nunca inserte una memoria USB ni un dispositivo externo desconocido en su computadora, ya que puede contener malware. Evite descargar software o archivos de sitios web no confiables o archivos adjuntos de correo electrónico que parezcan sospechosos. Utilice siempre fuentes legítimas y sistemas de descarga de software establecidos.

El tailgating, o "piggybacking", se produce cuando un atacante obtiene acceso no autorizado a una ubicación estable siguiendo a una persona con acceso válido. Esta forma física de ingeniería social suele darse en entornos laborales, donde el atacante podría infiltrarse a escondidas tras un empleado que tiene acceso a un área limitada, como un centro de datos o una sala de servidores, sin mostrar sus credenciales.

El tailgating funciona porque los atacantes se aprovechan de la inclinación natural de los humanos a ser educados y dejan la puerta abierta para los demás. Sin embargo, al permitir que una persona entre sin verificar su identidad, la víctima, sin saberlo, permite al atacante burlar las medidas de seguridad.

Para protegerse del tailgating, las empresas deben implementar protocolos de protección estrictos que exijan a las personas autenticar su identidad antes de acceder a las zonas seguras. Los empleados deben estar atentos a quién entra en las instalaciones y nunca deben permitir que nadie los siga en un área restringida. Las medidas de seguridad física, como tarjetas de acceso, escáneres biométricos o torniquetes, pueden ayudar a prevenir el acceso no autorizado.

El robo de identidad es el objetivo principal de muchos ataques de ingeniería social. Los ciberdelincuentes roban información personal, como números de la Seguridad Social, información de tarjetas de crédito y otros registros confidenciales, para usar la identidad de la víctima y cometer fraude. Esto puede incluir abrir cuentas de crédito a nombre de la víctima, vaciar las cuentas bancarias o cometer otros delitos financieros.

Prevenir el robo de identidad requiere medidas proactivas para proteger los registros personales. Una de las mejores maneras de reducir el riesgo de robo de identidad es restringir la cantidad de información privada que se comparte en línea. Evite compartir demasiado en redes sociales, ya que los atacantes suelen usar información pública, como fechas de nacimiento, direcciones y nombres de mascotas, para engañar a sus usuarios con soluciones de seguridad o crear mensajes de phishing convincentes.

Otro enfoque clave de prevención es el seguimiento regular de las facturas y los informes crediticios. En muchos países, las personas tienen derecho a solicitar un informe crediticio anual gratuito a las principales agencias de crédito. Al revisar estos informes, se puede detectar rápidamente cualquier discrepancia o indicio de actividad fraudulenta. Muchos bancos y agencias de tarjetas de crédito también ofrecen servicios y señales de detección de fraude, que pueden ayudar a detectar transacciones sospechosas tan pronto como ocurren.

El uso de la autenticación multifactor (MFA) para cuentas en línea, como correo electrónico, banca y compras, también puede proteger contra el robo de identidad. La MFA añade una capa adicional de protección al requerir formas adicionales de verificación, como una contraseña de un solo uso (OTP) enviada por SMS o generada mediante una aplicación, similar a la contraseña.

La ingeniería social y el robo de identidad son amenazas omnipresentes en la era digital, ya que los ciberdelincuentes atacan cada vez más a personas y organizaciones mediante la manipulación en lugar de ataques técnicos. Protegerse contra estos ataques requiere una combinación de concienciación, vigilancia y medidas de seguridad proactivas. Al detectar estrategias comunes de ingeniería social, adoptar prácticas excepcionales para proteger la información personal o ser escépticos ante solicitudes no solicitadas de información confidencial, las personas pueden reducir considerablemente el riesgo de ser víctimas de estos ataques insidiosos. Mediante la educación y una atención cuidadosa al comportamiento en línea y fuera de línea, se pueden prevenir el robo de identidad y la ingeniería social.

2.5. Privacidad en línea

En el mundo actual, cada vez más interconectado, la privacidad en línea se ha convertido en una de las principales preocupaciones tanto para personas como para empresas. A medida que se almacena y transmite más información personal, profesional y financiera en línea, la importancia de proteger la privacidad nunca ha sido tan evidente. Diariamente, millones de personas en todo el mundo interactúan en redes sociales, compras en línea, operaciones bancarias y correo electrónico. Si bien estas actividades brindan comodidad, también crean oportunidades para que actores maliciosos aprovechen vulnerabilidades y comprometan información confidencial. La necesidad de comprender y proteger la privacidad en línea es crucial para cualquier persona que navegue por el mundo digital.

La privacidad en línea se refiere a la capacidad de controlar y gestionar la información personal al usar internet. No se trata solo de mantener segura la información confidencial, sino también de preservar la autonomía sobre cómo otros comparten, almacenan y utilizan la información privada. Con el creciente volumen de información que se acumula, la privacidad en línea se ha convertido en un problema urgente. La información personal que compartimos, consciente o inconscientemente, puede ser explotada por empresas, gobiernos o ciberdelincuentes con diversos fines, como marketing dirigido, robo de identidad o vigilancia.

El auge de internet ha modificado considerablemente la forma en que se intercambian datos, pero esta facilidad de acceso también conlleva riesgos sustanciales. La privacidad de una persona está cada vez más en peligro, ya que sus datos pueden recopilarse de diversas maneras sin su conocimiento. Muchos sitios web rastrean a los usuarios mediante cookies, lo que permite a los anunciantes crear perfiles específicos basados en sus hábitos de navegación. Las redes sociales fomentan el intercambio de información personal, lo que facilita que las personas expongan información confidencial sin saberlo. Además, los ciberdelincuentes suelen utilizar ataques de phishing, sitios web falsos o malware para robar información personal.

A pesar de estos peligros, existen medidas importantes que las personas pueden tomar para proteger su privacidad en línea. Una de las mejores prácticas, aunque la única, es usar contraseñas seguras y únicas para cada cuenta en línea. Las contraseñas débiles o reutilizadas pueden verse fácilmente comprometidas, lo que permite a usuarios no autorizados acceder a cuentas confidenciales, como el correo electrónico, los perfiles de redes sociales y los servicios financieros. Para proteger aún más sus cuentas, habilitar la autenticación de dos factores ofrece una capa adicional de protección. Esto garantiza que, incluso si se roba una contraseña, se requiera un segundo tipo de verificación para acceder a la cuenta.

Otro componente crucial de la privacidad en línea es el uso de herramientas enfocadas en la privacidad, como aplicaciones de mensajería cifradas, navegadores estables y redes privadas virtuales (VPN). Las VPN, por ejemplo, crean un túnel estable para el tráfico web, lo que dificulta que terceros rastreen tus hábitos de navegación. Los navegadores que bloquean rastreadores y cookies de terceros, como Mozilla Firefox o Brave, pueden reducir significativamente la cantidad de información que los sitios web recopilan sobre los usuarios. Además, el uso de motores de búsqueda que no rastrean los historiales de búsqueda privados, como DuckDuckGo, puede proteger tu actividad de búsqueda de ser utilizada para publicidad dirigida o elaboración de perfiles.

Quizás uno de los aspectos más ignorados de la privacidad en línea es cómo los usuarios de redes sociales comparten información privada. Publicar imágenes, ubicaciones o actualizaciones privadas puede parecer inofensivo a primera vista, pero puede revelar más de lo previsto. Información como planes de viaje, información familiar e incluso la situación financiera puede ser manipulada por personas con fines maliciosos. Además de limitar lo que se comparte, es fundamental revisar y ajustar con frecuencia la configuración de privacidad en las redes sociales. Al restringir el acceso a publicaciones e información personal, los usuarios pueden controlar mejor quién ve su información.

El impacto de la privacidad en línea va más allá de la seguridad privada. Las filtraciones de datos en empresas y grupos exponen a millones de personas al riesgo de robo de identidad. En estas filtraciones, se pueden robar y vender en la internet oscura información confidencial como nombres, direcciones, números de teléfono, números de la seguridad social e información de pago. Con esta información, los delincuentes pueden abrir cuentas fraudulentas, realizar transacciones no autorizadas o participar en otras actividades ilícitas. Por lo tanto, es crucial supervisar regularmente las cuentas bancarias para detectar actividades sospechosas y denunciar de inmediato cualquier indicio de fraude.

Los gobiernos también desempeñan un papel fundamental en la configuración de la privacidad en línea. En muchas regiones, se han implementado programas de vigilancia bajo el pretexto de la protección nacional. Si bien estos programas también pueden tener como objetivo prevenir el terrorismo u otras amenazas, también plantean problemas éticos relacionados con las libertades de la personalidad. Algunos gobiernos recopilan enormes cantidades de datos personales sin la información ni el consentimiento de los ciudadanos, lo que a menudo genera debates sobre el equilibrio entre seguridad y privacidad. Las leyes de protección de datos, incluido el Reglamento General de Protección de Datos

(RGPD) en Europa, han buscado abordar algunas de estas preocupaciones otorgando a las personas un mayor control sobre su información personal. Comprender estas leyes puede ayudar a los consumidores a ejercer sus derechos y a exigir responsabilidades a las empresas que gestionan indebidamente sus datos.

A pesar de todos los esfuerzos por proteger la privacidad, uno de los retos más importantes para garantizar la privacidad en línea es la constante evolución del panorama digital. Las nuevas tecnologías, junto con el Internet de las Cosas (IdC), difuminan aún más las fronteras entre el mundo virtual y el físico, lo que aumenta las posibilidades de vulneración de la privacidad. Dispositivos inteligentes como asistentes domésticos, pulseras de actividad portátiles y electrodomésticos conectados recopilan datos continuos sobre nuestro comportamiento y actividades. Si bien estos dispositivos son prácticos, también representan una amenaza para la privacidad, ya que pueden ser vulnerables a ataques informáticos o a la explotación. Es fundamental garantizar que estos dispositivos cuenten con sólidas funciones de seguridad y que los usuarios tengan acceso a la información que recopilan.

En definitiva, proteger la privacidad en línea requiere un enfoque multifacético. Implica asumir la responsabilidad personal de nuestros movimientos en línea, utilizar las herramientas de seguridad adecuadas y mantenerse alerta ante las amenazas. La privacidad en línea no se limita a protegerse de los ciberdelincuentes, sino a garantizar que su información personal siga siendo suya y solo suya. A medida que pasamos más tiempo en línea, es fundamental ser proactivos en la protección de nuestra privacidad para evitar la pérdida de control sobre nuestra información personal.

La privacidad en línea no es solo un lujo ni una opción privada, sino un derecho esencial en la era virtual. A medida que la tecnología avanza, también lo hacen los métodos de recopilación y uso de datos personales. Para protegernos, debemos adoptar comportamientos en línea responsables, usar herramientas de privacidad y mantenernos informados sobre las amenazas y las buenas prácticas en constante evolución. De esta manera, podemos preservar nuestra autonomía en un mundo cada vez más dependiente de las conexiones virtuales.

CAPÍTULO 3

Software antivirus y de seguridad

3.1. Uso eficaz del software antivirus

El software antivirus es una de las herramientas más importantes en la lucha contra las ciberamenazas, ya que sirve como la primera línea de protección para personas y grupos contra malware, virus, ransomware y otros ataques maliciosos. Con la constante evolución de las ciberamenazas, los programas antivirus desempeñan un papel fundamental para garantizar la integridad de los sistemas y proteger la información confidencial. Sin embargo, instalar un software antivirus no siempre es suficiente. Para maximizar su eficacia, los usuarios deben saber cómo usarlo correctamente e integrarlo en sus prácticas de ciberseguridad.

En esencia, el software antivirus está diseñado para detectar, prevenir y retrasar el software malicioso que puede infectar su dispositivo o red. Estas amenazas pueden presentarse en diversas formas, como virus, gusanos, troyanos, spyware y ransomware. Cada uno de estos tipos de malware tiene la capacidad de dañar su sistema, robar información privada o incluso causar fallos en todo el sistema. La función principal del software antivirus es analizar documentos, programas y sitios web en busca de firmas de malware conocidas, bloquear juegos sospechosos y alertar a los usuarios sobre posibles amenazas.

Para usar un software antivirus correctamente, es fundamental asegurarse de que esté siempre actualizado. Los ciberdelincuentes desarrollan constantemente nuevos tipos de malware, y los proveedores de antivirus lanzan actualizaciones periódicas de su software para detectar y combatir estas amenazas emergentes. La mayoría de las soluciones antivirus más modernas funcionan con una función de actualización automática, lo que garantiza que el software se mantenga actualizado sin necesidad de intervención manual. Sin embargo, algunos usuarios pueden desactivar las actualizaciones automáticas, ya sea por comodidad o por descuido. No actualizar el software antivirus expone al dispositivo a nuevas amenazas que no se detectarán con definiciones de virus obsoletas.

Otro aspecto clave para usar un software antivirus eficazmente es programar análisis periódicos. Las aplicaciones antivirus suelen ofrecer análisis rápidos y análisis completos del equipo. Una prueba breve es más rápida y se centra en las áreas con mayor probabilidad de ser atacadas por malware, como archivos adjuntos de correo electrónico, archivos descargados y procesos del sistema. Si bien una prueba breve es útil para identificar y eliminar amenazas inmediatas, no puede localizar malware o infecciones más profundas en partes difíciles de acceder del equipo. Por lo tanto, se recomienda programar análisis completos del equipo periódicamente. Estos análisis examinan todos los documentos, aplicaciones y la configuración del equipo, lo que proporciona una comprobación exhaustiva de los riesgos de seguridad.

La protección en tiempo real es otra función vital del software antivirus. Esta función supervisa constantemente el equipo en busca de actividades sospechosas, analiza los archivos al abrirlos o descargarlos y bloquea las acciones maliciosas en tiempo real. La seguridad en tiempo real es vital para evitar que el malware entre en el sistema. Sin embargo, es fundamental tener en cuenta que, en ocasiones, puede ralentizar el rendimiento del equipo, especialmente al gestionar archivos grandes o ejecutar programas que consumen muchos recursos. En tales casos, los usuarios deben asegurarse de que el software antivirus esté configurado para equilibrar la seguridad y el rendimiento. Esto también puede implicar ajustar la configuración para limitar los tipos de archivos que se analizan en tiempo real o programar análisis exhaustivos durante periodos de baja actividad del equipo.

el software antivirus es crucial para detectar y eliminar amenazas reconocidas, no es infalible. Los programas antivirus se basan en bases de datos de firmas de malware conocidas para identificar amenazas. De esta manera, ya no encontrarán tipos de malware nuevos o desconocidos que no se ajusten a ninguna entrada de sus bases de datos de firmas. Para mitigar esta amenaza, muchas aplicaciones antivirus actuales incluyen análisis heurístico y detección basada en el comportamiento. El análisis heurístico implica inspeccionar archivos y aplicaciones en busca de patrones o características sospechosas generalmente asociadas con malware, incluso si el software nunca antes se ha encontrado con esa amenaza específica. La detección basada en el comportamiento, por otro lado, monitorea el movimiento de los programas y señala cualquier comportamiento que se asemeje a la actividad de malware conocida, como intentar modificar archivos cruciales del sistema o comunicarse con un servidor remoto.

Además, los clientes deben ser conscientes de la posibilidad de "falsos positivos". Un falso positivo se produce cuando un software antivirus marca un informe o aplicación legítimos como maliciosos, a pesar de ser inofensivos. Si bien estos casos son extremadamente raros, pueden ser perjudiciales, ya que impiden a los usuarios acceder a documentos o programas importantes. Para solucionar esto, la mayoría de los programas antivirus permiten a los usuarios agregar documentos o programas confiables a una lista de exclusión, lo que garantiza que estos objetos no se marquen en futuros análisis. Sin embargo, es fundamental tener cuidado al agregar elementos a la lista de exclusión, ya que esto podría permitir que, inadvertidamente, documentos dañinos no sean detectados.

Una de las mayores ventajas del software antivirus es su capacidad para prevenir ataques de ransomware. El ransomware es un tipo de malware que cifra los documentos de la víctima y exige un precio, generalmente en criptomonedas, a cambio de la clave de descifrado. Esta forma de ciberextorsión puede ser devastadora para particulares y empresas, especialmente cuando se bloquea información crucial. Las soluciones antivirus modernas han incorporado funciones de seguridad contra ransomware que pueden detectar y bloquear los métodos de cifrado utilizados por este. Además, el software antivirus puede ayudar a evitar que el ransomware se propague a través de recursos compartidos de red o dispositivos conectados, lo que limita el daño causado por un ataque.

Incorporar un software antivirus en una estrategia de ciberseguridad más amplia es importante para mantener una protección estándar. Los equipos antivirus por sí solos no pueden proteger contra todo tipo de ciberamenazas. Por ejemplo, podrían no detectar intentos de phishing, que se basan en engañar a los usuarios para que revelen su información personal o descarguen archivos maliciosos. Para mejorar la seguridad, los usuarios deben combinar el software antivirus con otras medidas de seguridad, como firewalls, filtrado de correo electrónico y capacitación del usuario sobre cómo identificar estafas de phishing y sitios web sospechosos.

Además de usar software antivirus, también es importante mantener una higiene de ciberseguridad rigurosa. Esto incluye asegurarse de que los sistemas operativos y los programas se actualicen periódicamente, usar contraseñas seguras y específicas para todas las cuentas y realizar copias de seguridad de los archivos importantes en ubicaciones seguras. El software antivirus funciona excepcionalmente bien cuando se combina con estas prácticas recomendadas, creando una defensa multicapa contra el panorama en constante evolución de las ciberamenazas.

El software antivirus es una herramienta invaluable para la defensa contra las ciberamenazas, pero debe usarse eficientemente y en conjunto con otras funciones de seguridad para brindar la máxima protección. Al mantener el software antivirus actualizado, realizar análisis regulares y configurar la protección en tiempo real según las necesidades de cada usuario, los clientes pueden reducir drásticamente el riesgo de ser víctimas de ataques de malware. Sin embargo, es fundamental recordar que ninguna solución de software puede ofrecer una seguridad del 100%, y mantener un enfoque proactivo en ciberseguridad es la mejor manera de proteger la información personal y organizacional en la era digital.

3.2. Cortafuegos y su uso adecuado

Los firewalls desempeñan un papel crucial en la protección ordinaria de una red, actuando como barreras entre las redes internas de confianza y las redes externas no confiables. Filtran el tráfico entrante y saliente, permitiendo la comunicación legítima óptima y bloqueando el acceso dañino o no autorizado. La función principal de un firewall es proteger la red de diversos tipos de ciberamenazas, como hackers, malware y filtraciones de datos no autorizadas.

Existen distintos tipos de firewalls, cada uno con sus propias ventajas y casos de uso. Los firewalls de hardware son dispositivos físicos ubicados entre la red interna e internet, que ofrecen protección a todos los dispositivos de la red. Por otro lado, los firewalls de software se instalan en dispositivos individuales y ofrecen protección adaptada a las necesidades específicas del dispositivo que protegen. Los firewalls también pueden estar basados en la nube, ofreciendo soluciones de seguridad escalables y flexibles para equipos que operan en la nube o dependen en gran medida de servicios basados en ella.

Los firewalls funcionan analizando el tráfico de la red e inspeccionando los paquetes de datos a medida que circulan por ella. El firewall evalúa diversas características de estos paquetes, como las direcciones IP de origen y destino, los puertos y los protocolos, y los compara con un conjunto de normas de seguridad. Si el paquete cumple con los estándares descritos, se permite el paso; de lo contrario, se bloquea. Este método garantiza que solo se permita el tráfico ilegal, impidiendo eficazmente que los agentes maliciosos accedan a sistemas vulnerables.

Configurar un firewall requiere una planificación cuidadosa y conocer las necesidades de la comunidad. Uno de los primeros pasos para una configuración correcta de firewall es definir políticas de seguridad que especifiquen qué tipos de visitantes se deben permitir o denegar. Estas reglas deben basarse en el principio del mínimo privilegio, que garantiza que solo se permita el tráfico necesario para paquetes o usuarios específicos, bloqueando todo lo demás.

Además, las actualizaciones periódicas del software de firewall y la configuración de reglas son cruciales para mantener una seguridad robusta. Las ciberamenazas evolucionan inesperadamente, al igual que las estrategias utilizadas para protegerse. Muchos firewalls modernos ofrecen actualizaciones automáticas, lo que garantiza que se mantengan al día con los parches de seguridad más recientes y la inteligencia de amenazas.

Para optimizar la eficacia del firewall, es fundamental publicar los registros de tráfico con frecuencia. La mayoría de los firewalls generan registros específicos que registran todo el tráfico entrante y saliente, y que pueden revisarse para detectar cualquier interés sospechoso o vulneración de capacidad. Al revisar estos registros periódicamente, los administradores de red pueden detectar anomalías, analizar posibles amenazas y ajustar las reglas del firewall para mitigar nuevos riesgos.

Además, un firewall no debe ser la única línea de defensa en una estrategia de protección comunitaria. Si bien los firewalls son fundamentales, deben complementarse con otras medidas de seguridad, como software antivirus, cifrado y sistemas de detección de intrusiones. Esta técnica de seguridad por capas garantiza que, aunque una defensa falle, otras puedan intervenir para evitar daños o la pérdida de datos.

Configurar correctamente los firewalls requiere atención al detalle. Las configuraciones incorrectas más comunes incluyen políticas demasiado permisivas que permiten demasiado tráfico, la falta de bloqueo de puertos no utilizados y la omisión de actualizar el software del firewall. Todas estas configuraciones incorrectas pueden reducir significativamente la eficacia de un firewall, dejando la red vulnerable a ataques.

Para una máxima protección, los firewalls deben adaptarse a las necesidades específicas de la comunidad y revisarse con frecuencia para detectar vulnerabilidades. Las pruebas de penetración y el análisis de vulnerabilidades pueden ayudar a identificar puntos vulnerables en la configuración del firewall, garantizando su resistencia ante amenazas emergentes. Además, es fundamental garantizar que solo el personal legal tenga acceso a la interfaz de control del firewall, ya que las modificaciones no autorizadas pueden comprometer la seguridad.

Los firewalls son esenciales para proteger las redes contra ciberamenazas. Ya sea como soluciones de hardware, software o basadas en la nube, deben configurarse correctamente y recibir mantenimiento regular para brindar una protección eficaz. Al comprender su función, implementar políticas de seguridad adecuadas y combinarlas con otras medidas de seguridad, los firewalls pueden reducir considerablemente el riesgo de filtraciones de datos y ciberataques.

3.3. Elegir el software de seguridad con prudencia

Seleccionar el software de seguridad adecuado es fundamental para construir una protección robusta contra las ciberamenazas. Con la creciente complejidad de los ciberataques, una sola solución de seguridad a menudo no puede ofrecer suficiente protección. La combinación adecuada de herramientas de software, adaptadas a las necesidades específicas de sus sistemas, puede prevenir malware, detectar intrusiones y mejorar la seguridad general de la red. Sin embargo, seleccionar el software de seguridad adecuado implica considerar cuidadosamente varios factores, como la compatibilidad, la eficacia, la facilidad de uso y el precio.

Una de las principales cuestiones a la hora de elegir un software de seguridad es su capacidad para detectar y responder a una amplia variedad de amenazas. Un software de protección eficaz debe ofrecer protección integral contra malware, ransomware, spyware, adware y ataques de phishing. Además, debe identificar amenazas de día cero y tipos de malware en constante evolución, que requieren actualizaciones en tiempo real e inteligencia de riesgos. Por ello, un software de protección con tecnología avanzada, como inteligencia artificial y aprendizaje automático, es cada vez más crucial para identificar vectores de ataque nuevos y complejos.

Al evaluar un software antivirus o de protección de endpoints, es fundamental comprobar su tasa de detección y rendimiento general en situaciones reales. Muchos laboratorios de pruebas independientes, como AV-TEST y AV-Comparatives, suelen realizar reseñas de software antivirus. Estas evaluaciones ofrecen información valiosa sobre la eficacia de un producto frente a amenazas reconocidas y su capacidad para minimizar los falsos positivos. Se debe priorizar un producto con una alta tasa de detección y un impacto moderado en el rendimiento del dispositivo.

La compatibilidad es otro factor importante a considerar al elegir un software de seguridad. El software debe ser compatible con su dispositivo, ya sea Windows, macOS o Linux, y ser compatible con los dispositivos de su red, como smartphones, tablets y servidores. Además, debe integrarse a la perfección con su infraestructura de TI actual, incluyendo herramientas de monitoreo de red, firewalls y software de protección de correo electrónico. Esta interoperabilidad garantiza que sus herramientas de seguridad funcionen eficazmente en conjunto para brindar una seguridad integral.

La facilidad de uso también es crucial, especialmente para personas o pequeñas empresas que carecen de personal de TI dedicado. Un software de seguridad con una interfaz sencilla e intuitiva permite a los usuarios configurarlo y manipularlo sin necesidad de conocimientos técnicos profundos. Una interfaz intuitiva también debe proporcionar notificaciones y alertas claras sobre amenazas de seguridad, así como soluciones fáciles de entender para abordar estos problemas. Un software de seguridad complejo que requiere conocimientos avanzados puede representar un obstáculo para los usuarios que buscan una protección rápida y eficaz sin necesidad de conocimientos técnicos.

Otro aspecto crucial es la capacidad del software para realizar actualizaciones diarias de forma automática. Las ciberamenazas evolucionan constantemente, y el software de seguridad debe mantenerse actualizado para protegerse contra las vulnerabilidades más recientes. Muchas empresas de seguridad ofrecen servicios de suscripción que incluyen actualizaciones automáticas y un flujo continuo de información sobre riesgos, lo que garantiza que su software esté siempre actualizado con los parches y definiciones de seguridad más recientes. Las actualizaciones periódicas son fundamentales para mantener la eficacia del software de seguridad y minimizar el riesgo de nuevos ataques que exploten vulnerabilidades conocidas.

El costo es una consideración crucial, sin embargo no debe ser el único factor determinante al elegir un software de seguridad. Si bien las soluciones de seguridad gratuitas pueden ofrecer una protección sencilla, a menudo carecen de las funciones avanzadas y la protección completa que ofrecen las soluciones de pago. Muchos antivirus gratuitos tienen una capacidad limitada para detectar nuevas amenazas o no ofrecen asistencia continua. Las soluciones de pago suelen incluir funciones adicionales, como protección de red, protección contra el robo de identidad y atención al cliente prioritaria. Al evaluar el precio del software de seguridad, es fundamental considerar el precio que ofrece en términos de seguridad, asistencia y actualizaciones periódicas.

Una de las tendencias en auge en el software de seguridad es el uso de soluciones basadas en la nube. Los equipos de seguridad en la nube ofrecen escalabilidad, flexibilidad y funciones de seguimiento remoto, lo que los hace ideales para agencias con un equipo descentralizado de empleados o empleados remotos. El software de seguridad en la nube también ofrece un control más sencillo, ya que las actualizaciones son gestionadas por el proveedor y se implementan automáticamente en todos los dispositivos conectados a la red. Sin embargo, las soluciones en la nube requieren una conexión a internet fiable y pueden presentar requisitos exigentes relacionados con la privacidad y el cumplimiento normativo de los datos, especialmente para empresas que gestionan información confidencial.

También es crucial evaluar la reputación y la fiabilidad del proveedor de software antes de realizar una compra. Elija software de proveedores con un historial comprobado de ofrecer soluciones de protección eficaces y confiables. Los proveedores consolidados suelen ofrecer un mejor servicio al cliente y una reputación reconocida, lo que también puede brindar mayor tranquilidad. Además, es útil leer reseñas y leer los comentarios de otros usuarios para comprender sus opiniones sobre el producto.

Además del software antivirus y cortafuegos convencional, muchos grupos también están integrando soluciones de seguridad de última generación en su conjunto de software. Estas soluciones pueden incluir sistemas de prevención de intrusiones (IPS), herramientas de análisis de conducta y sistemas de gestión de eventos e información de seguridad (SIEM). Según sus necesidades, podría ser rentable invertir en un conjunto de herramientas que ofrezcan seguridad multicapa, en lugar de depender exclusivamente de un simple software antivirus.

Elegir el software de protección adecuado requiere equilibrar numerosos factores, como las capacidades de seguridad, la compatibilidad, la facilidad de uso, el precio y la reputación del proveedor. Al elegir una solución que se ajuste a sus necesidades específicas, puede asegurarse de que sus sistemas estén protegidos contra la creciente gama de ciberamenazas. Priorice el software que ofrezca seguridad completa, actualizaciones automáticas y un servicio al cliente sólido, y prepárese para invertir en seguridad como un elemento vital de su estrategia básica de control de riesgos.

3.4. Amenazas actuales y protección

el mundo interconectado actual, las ciberamenazas se están volviendo cada vez más avanzadas, planteando enormes desafíos tanto para las personas como para las empresas. A medida que la tecnología evoluciona, también lo hacen las técnicas que emplean los ciberdelincuentes, por lo que es fundamental mantenerse al día sobre las amenazas actuales y adoptar las medidas de protección adecuadas.

Una de las ciberamenazas más extendidas y peligrosas es el malware. El malware, abreviatura de software malicioso, se presenta en diversas formas, como virus, gusanos, ransomware, adware y troyanos. Estos tipos de software están diseñados para infiltrar, dañar o robar datos de un ordenador o red. El ransomware, en particular, ha ganado notoriedad en los últimos años, ya que impide a los usuarios acceder a sus documentos y exige un pago por el acceso. Los ataques de ransomware se han dirigido contra empresas, instituciones gubernamentales e incluso hospitales, provocando importantes pérdidas económicas e interrupciones operativas.

software antivirus y antimalware actualizado. Estos equipos buscan constantemente archivos, métodos y actividades maliciosas en sus dispositivos. Los programas antivirus avanzados utilizan heurística e inteligencia artificial para detectar amenazas nuevas y emergentes, incluso antes de que se publiquen en bases de datos de malware reconocidas.

Sin embargo, depender exclusivamente del software antivirus no es suficiente; debe complementarse con otras medidas de seguridad, como firewalls, sistemas de detección de intrusiones y parches de seguridad, para garantizar una protección integral.

Otra amenaza creciente es el phishing, que consiste en engañar a las personas para que divulguen información confidencial, como nombres de usuario, contraseñas y números de tarjetas de crédito. El phishing puede adoptar diversas formas, como correos electrónicos, llamadas telefónicas o sitios web falsos que parecen legítimos. Los ciberdelincuentes suelen hacerse pasar por entidades de confianza, como bancos o servicios en línea, para convencer a las víctimas de que proporcionen su información personal.

La mejor manera de protegerse del phishing es mediante la educación y la concienciación del usuario. Es importante que las personas aprendan a reconocer los intentos de phishing, como comprobar la dirección de correo electrónico del remitente, pasar el cursor sobre los enlaces para verificar su autenticidad y evitar abrir archivos adjuntos de fuentes desconocidas. Muchas soluciones modernas de seguridad de correo electrónico también incluyen filtros de spam integrados y funciones de detección de phishing, lo que ayuda a bloquear los correos electrónicos maliciosos antes de que lleguen a la bandeja de entrada.

Los ataques de denegación de servicio distribuido (DDoS) son otra situación importante para los servicios en línea. En un ataque DDoS, múltiples estructuras comprometidas inundan los servidores de un objetivo con un tráfico excesivo, lo que los sobrecarga y provoca interrupciones del servicio. Estos ataques pueden ser especialmente perjudiciales para las empresas que dependen de su presencia en línea para generar ventas e interactuar con los clientes. El auge de los dispositivos del Internet de las Cosas (IoT) ha exacerbado este problema, ya que los ciberdelincuentes pueden comprometer dispositivos inseguros para lanzar ataques DDoS a gran escala.

La protección contra ataques DDoS implica la implementación de una combinación de técnicas, como el balanceo de carga, el filtrado de tráfico y el uso de redes de distribución de contenido (CDN). Además, las soluciones de seguridad DDoS basadas en la nube ofrecen soluciones escalables que pueden absorber grandes cantidades de tráfico malicioso y mitigar el impacto de estos ataques. El monitoreo regular de los patrones de tráfico y la detección temprana son clave para minimizar las consecuencias de los ataques DDoS.

En los últimos años, las amenazas persistentes avanzadas (APT) se han convertido en un problema importante para las empresas, principalmente en el ámbito de los ciberataques financiados por países. Las APT son ataques dirigidos a largo plazo que buscan infiltrarse en las redes y mantener una presencia sigilosa durante periodos prolongados. Estos ataques suelen centrarse en el robo de información confidencial, recursos de alto nivel o el acceso a infraestructuras importantes. Las APT pueden ser difíciles de detectar debido a su naturaleza lenta y deliberada, y al uso de estrategias sofisticadas, como la ingeniería social y el malware personalizado.

La protección contra las APT requiere un método multicapa, que incluye el seguimiento avanzado de la comunidad, la protección de endpoints y las actualizaciones periódicas del sistema. Las estructuras de detección de intrusiones (IDS) y de prevención de intrusiones (IPS) pueden ayudar a identificar y responder a actividades sospechosas en tiempo real. Además, la información de inteligencia de riesgo proporciona información valiosa sobre las tácticas, técnicas y estrategias (TTP) emergentes de las APT, lo que permite a las empresas anticiparse a las amenazas de capacidad.

Las filtraciones de datos, que implican el acceso y la divulgación no autorizados de información confidencial, siguen representando un riesgo considerable tanto para empresas como para particulares. Estas filtraciones pueden revelar información privada, financiera y sanitaria, lo que provoca robo de identidad, pérdidas económicas y daños a la reputación. Los ciberdelincuentes suelen utilizar la información robada con diversos fines ilícitos, como cometer fraude o venderla en la dark web.

La protección contra las filtraciones de datos comienza con un cifrado robusto de datos, tanto en reposo como en tránsito. El cifrado garantiza que, incluso si personas no autorizadas interceptan o acceden a los datos, estos permanezcan ilegibles. Además, las empresas deben implementar controles de acceso rigurosos, como la autenticación multifactor (MFA) y los principios de mínimo privilegio, para limitar el número de personas que pueden acceder a información confidencial. Las auditorías periódicas y el seguimiento de los registros de acceso también pueden ayudar a detectar patrones de acceso inusuales que puedan indicar una filtración.

A medida que la era avanza, la aparición de nuevas amenazas, como los ataques basados en inteligencia artificial (IA) y la computación cuántica, también plantea riesgos potenciales. Los ataques basados en IA pueden adaptarse rápidamente y eludir las defensas de seguridad tradicionales, utilizando el aprendizaje automático para identificar vulnerabilidades y aprovecharlas. En el futuro, la computación cuántica también puede amenazar la seguridad de los sistemas de cifrado modernos, volviéndolos obsoletos. A medida que estas tecnologías evolucionan, los expertos en ciberseguridad deberán mantenerse alerta y adoptar técnicas modernas para mitigar los nuevos riesgos.

El panorama de las ciberamenazas está en constante evolución, con la aparición regular de nuevos ataques de vanguardia. Para protegerse contra estas amenazas, las personas y las empresas deben adoptar un enfoque proactivo y multidimensional de la ciberseguridad. Esto incluye el uso de software de seguridad actualizado, la formación de los usuarios, la implementación de sólidas defensas comunitarias y la actualización de los peligros emergentes. Al combinar el equipo adecuado con prácticas sólidas de ciberseguridad, es posible reducir significativamente el riesgo de ser víctima de la creciente gama de ciberamenazas.

CAPÍTULO 4

Seguridad de red y redes inalámbricas

4.1. Fundamentos de seguridad de red

La seguridad de la red es un aspecto vital de la ciberseguridad que se centra en proteger la integridad, la confidencialidad y la disponibilidad de las redes informáticas y la información que fluye a través de ellas. Implica la implementación de diversas tecnologías, normas y prácticas para proteger los componentes de hardware y software de una red contra el acceso no autorizado, el uso indebido, la modificación o la destrucción. El objetivo principal de la seguridad de la red es prevenir ataques que podrían dañar la infraestructura de una red, robar información confidencial o comprometer la capacidad de la red.

En esencia, la seguridad de la comunidad consiste en garantizar que los usuarios y dispositivos autorizados accedan a los recursos de la red, a la vez que se impide que actores maliciosos exploten vulnerabilidades. Esto cobra especial importancia en una tecnología donde las redes son cada vez más complejas, con estructuras interconectadas, servicios en la nube y un número creciente de endpoints, incluyendo smartphones, tablets y dispositivos IoT.

Una idea fundamental en la seguridad de red es la distinción entre amenazas internas y externas. Las amenazas externas provienen del exterior de la red, incluyendo hackers o ciberdelincuentes que buscan obtener acceso no autorizado. Las amenazas internas, por otro lado, provienen del interior de la organización, incluyendo empleados que pueden comprometer la seguridad de la red, ya sea accidental o maliciosamente. Por lo tanto, las técnicas de seguridad de red deben ser integrales y abordar ambos tipos de amenazas para garantizar una defensa sólida.

Uno de los componentes fundamentales de la seguridad de la comunidad es la implementación de firewalls. Un firewall actúa como barrera entre una comunidad interna y las redes externas, incluyendo internet. Filtra el tráfico entrante y saliente según normas de seguridad predeterminadas, impidiendo el acceso no autorizado y permitiendo el paso del tráfico válido. Los firewalls pueden ser de hardware, de software o una combinación de ambos, y suelen implementarse en el perímetro de una red para proteger la información confidencial de ataques externos.

Otro aspecto crucial de la seguridad de la red es el cifrado. El cifrado implica convertir la información directamente en un formato codificado que solo las partes autorizadas pueden descifrar con la clave de descifrado correcta. Se suele utilizar para proteger la información en tránsito, como las comunicaciones enviadas por internet o los datos intercambiados entre dispositivos de una red local. El cifrado garantiza que, aunque un atacante intercepte la información, esta permanezca ilegible y no pueda ser explotada. Los protocolos seguros, como HTTPS y SSL/TLS, se utilizan habitualmente para cifrar el tráfico de internet, mientras que las redes privadas virtuales (VPN) pueden cifrar la información transmitida por redes no seguras, como las redes wifi públicas.

Los sistemas de detección de intrusiones (IDS) y los sistemas de prevención de intrusiones (IPS) también son componentes esenciales de la protección de la red. Los IDS monitorizan el tráfico de red en busca de indicios de interés malicioso, como intentos de acceso no autorizado o comportamiento sospechoso. Generan alertas al detectar una anomalía, lo que permite a los administradores de red analizarla adicionalmente. Los IPS, por otro lado, adoptan un enfoque más proactivo al bloquear activamente el tráfico malicioso en tiempo real. Estos sistemas son esenciales para identificar y mitigar ataques, como los de denegación de servicio (DoS) o los ataques de denegación de servicio distribuido (DDoS), antes de que puedan causar daños considerables.

La gestión de acceso es otro principio clave en la seguridad de la red. Implica garantizar que solo personas y dispositivos autorizados tengan acceso a ciertas fuentes o registros en la red. Un método común para controlar el acceso es la implementación de mecanismos de autenticación, como nombres de usuario y contraseñas, para verificar la identidad de los usuarios antes de concederles el acceso. Las estrategias más avanzadas, como la autenticación multifactor (MFA), requieren que los usuarios proporcionen métodos adicionales de verificación, como un código de un solo uso enviado a su dispositivo móvil o datos biométricos como las huellas dactilares, lo que añade una capa adicional de protección.

La segmentación es otra actividad importante para la protección de la red. Consiste en dividir una red en segmentos más pequeños y aislados, a menudo denominados subredes. Cada fase tiene sus propias normas de seguridad, lo que dificulta que los atacantes accedan a toda la red si logran vulnerar una sección. Por ejemplo, una red se puede segmentar en zonas específicas: una para servicios públicos, como servidores web, otra para operaciones internas y otra para datos confidenciales. Esto limita el impacto de cualquier vulneración de capacidad, ya que los atacantes podrían necesitar eludir varias capas de seguridad para pasar de una fase a otra.

El seguimiento y la auditoría regulares de la red son prácticas esenciales para mantener la seguridad de la red. El seguimiento de la red implica el análisis continuo del tráfico del sitio web para detectar indicios de interés inusual o vulnerabilidades de capacidad. Herramientas como analizadores de red y software de monitorización pueden detectar anomalías en tiempo real, lo que permite a los administradores de la red responder rápidamente a las amenazas. La auditoría implica revisar periódicamente las normas de interés y seguridad de la red para identificar cualquier debilidad o brecha que deba abordarse.

Los parches y actualizaciones de seguridad son esenciales para mantener la integridad de una comunidad. Las empresas de software suelen publicar parches para reparar vulnerabilidades detectadas en sus productos. Estos parches solucionan fallos de seguridad que podrían ser explotados por atacantes para obtener acceso no autorizado a la red. Los administradores de red deben mantenerse al día con estas actualizaciones y realizar un seguimiento oportuno para garantizar la protección de la red contra amenazas reconocidas.

Un elemento clave de la seguridad de la comunidad es proteger los endpoints que se conectan a ella. Estos endpoints incluyen computadoras, teléfonos inteligentes, medicamentos y otros dispositivos que se comunican a través de la red. La seguridad de endpoints implica proteger estos dispositivos contra malware, virus y otras amenazas que podrían comprometer a toda la red. El software de seguridad de endpoints, que incluye aplicaciones antivirus y soluciones de detección y respuesta de endpoints (EDR), puede ayudar a detectar y mitigar las amenazas en dispositivos personales antes de que se propaguen por la red.

La seguridad de red también se especializa cada vez más en proteger los entornos en la nube, donde las empresas almacenan y gestionan sus datos. A medida que los servicios en la nube se vuelven más comunes, es crucial proteger los canales de comunicación entre las redes locales y los servicios en la nube. Esto se logra mediante tecnologías como Secure Sockets Layer (SSL), redes privadas virtuales (VPN) y sistemas de control de identidad que ayudan a proteger los datos en la nube del acceso no autorizado.

La seguridad de la red es una disciplina amplia y multifacética que abarca diversas tecnologías, prácticas y directrices orientadas a proteger la integridad y la confidencialidad de las redes y la información que gestionan. Es fundamental que las agencias y los particulares implementen diversas medidas de seguridad, como cortafuegos, cifrado, sistemas de detección de intrusiones, mecanismos de control de acceso y monitorización continua, para protegerse de amenazas tanto externas como internas. Al adoptar una estrategia proactiva de seguridad de la red, las agencias y los particulares pueden reducir significativamente el riesgo de filtraciones de datos, infecciones de malware y otros ciberataques.

4.2. Protección de redes inalámbricas

Las redes inalámbricas se han convertido en una parte vital de la vida actual, brindando la potencia y la comodidad de la movilidad. Sin embargo, también presentan un conjunto único de requisitos de seguridad. Proteger las redes inalámbricas es vital para proteger información confidencial, evitar el acceso no autorizado y mitigar el riesgo de ciberataques. A diferencia de las redes cableadas, que se limitan a cables físicos, las redes inalámbricas transmiten datos mediante ondas de radio, lo que las hace más vulnerables a la interceptación y al acceso no autorizado si no están bien protegidas.

Uno de los primeros pasos para proteger una red inalámbrica es configurar correctamente el router o el acceso a la red. La configuración predeterminada de muchos routers, incluyendo el nombre de usuario y la contraseña, suele ser vulnerable y fácil de adivinar. Cambiar esta configuración predeterminada es un primer paso vital para mejorar la seguridad. Se deben establecer contraseñas seguras y únicas tanto para la interfaz de administración del router como para el acceso Wi-Fi de la red. Además, el firmware del router debe mantenerse actualizado, ya que los fabricantes publican actualizaciones con frecuencia para reparar las vulnerabilidades detectadas y mejorar la protección.

El cifrado es otro aspecto clave para proteger una red inalámbrica. Las redes Wi-Fi suelen utilizar protocolos de cifrado para proteger la información transmitida por el aire. Los estándares de cifrado más utilizados son WEP (Privacidad Equivalente a Cable), WPA (Acceso Protegido Wi-Fi) y WPA2. WEP se considera obsoleto e inseguro, por lo que debe evitarse. WPA2, el cifrado más utilizado, proporciona un alto nivel de seguridad mediante el uso de cifrado AES (Estándar de Cifrado Avanzado). Si es posible, se recomienda habilitar WPA3, el protocolo de cifrado más avanzado, que ofrece una protección aún mayor contra ataques. Asegúrese siempre de que la red inalámbrica esté configurada para aplicar al menos el cifrado WPA2, ya que es el estándar más conocido para proteger las redes modernas.

Otro componente crucial de la protección de una red inalámbrica es el uso de un SSID (Identificador de Conjunto de Servicios) robusto. El SSID es el nombre de la red que se transmite a los dispositivos que buscan una conexión Wi-Fi. Por defecto, muchos routers transmiten su SSID abiertamente, lo que facilita la detección de la red. Para mejorar la protección, se recomienda desactivar la transmisión del SSID, lo que hace que la red sea invisible para los observadores ocasionales. En lugar de usar el SSID predeterminado, se recomienda seleccionar un nombre personalizado y no identificable que no revele información sobre la red ni su propietario.

El control de acceso es otra medida de seguridad crucial para las redes inalámbricas. Una forma de restringir el acceso a una red inalámbrica es mediante el filtrado de direcciones MAC (Control de Acceso al Medio). Cada dispositivo que se conecta a una red tiene una dirección MAC única. Al habilitar el filtrado de direcciones MAC, un administrador de red puede crear una lista de dispositivos aceptados, lo que permite que solo estos dispositivos se conecten a la red. Si bien el filtrado de direcciones MAC añade una capa adicional de protección, ya no debe considerarse el único método para proteger una red, ya que las direcciones MAC pueden ser falsificadas por atacantes con ambición.

Además del filtrado de direcciones MAC, se recomienda el uso de una red de invitados cuando los visitantes o usuarios temporales necesitan acceder a internet. Las redes de invitados están aisladas de la red principal, lo que impide el acceso a recursos confidenciales, como archivos o impresoras compartidas. Una red de invitados también debe estar protegida con su propia contraseña y configurada con cifrado WPA2 o WPA3 para evitar el acceso no autorizado.

Para proteger aún más una red inalámbrica, es fundamental implementar protocolos de autenticación robustos y actualizados. El método de autenticación más común para redes inalámbricas es WPA2-PSK (clave precompartida), que requiere que los usuarios ingresen una contraseña para conectarse a la red. Si bien este método es eficaz para redes domésticas y de pequeñas oficinas, las empresas más grandes también pueden beneficiarse del uso de métodos de autenticación más avanzados, como WPA2-Enterprise, que utiliza un servidor de autenticación centralizado para confirmar la identidad de los usuarios. Este método ofrece una protección más robusta para entornos empresariales, ya que permite un mejor control y monitoreo de quién accede a la red.

Otro factor crucial para proteger las redes wifi es la ubicación del router o punto de acceso. La ubicación física del equipo wifi juega un papel fundamental en la seguridad de la red. Los routers deben ubicarse en un lugar visible del edificio, lejos de ventanas o paredes exteriores donde la señal pueda extenderse fuera de las instalaciones. Al limitar el alcance de la señal wifi, se reduce el riesgo de acceso no autorizado desde el exterior del edificio. Además, colocar el router en una ubicación estable y con acceso controlado puede ayudar a evitar manipulaciones físicas o restablecimientos no autorizados.

Las redes inalámbricas también pueden ser propensas a numerosos ataques, como escuchas clandestinas, suplantación de identidad y ataques de denegación de servicio (DoS). Un ataque común en redes inalámbricas es el ataque "Evil Twin", en el que un atacante configura un punto de acceso fraudulento con el mismo SSID que una red legítima. Usuarios desprevenidos podrían conectarse inadvertidamente a esta red maliciosa, lo que permite al atacante interceptar sus datos. Para evitar ser víctimas de estos ataques, los usuarios deben verificar que se están conectando a la red correcta, especialmente en lugares públicos o zonas con varias redes Wi-Fi. Además, el uso de redes privadas virtuales (VPN) puede proporcionar una capa adicional de cifrado y privacidad al usar redes inalámbricas, garantizando que, incluso si se interceptan datos, estos permanezcan ilegibles para los atacantes.

El seguimiento regular de la red wifi es fundamental para detectar actividades inusuales o accesos no autorizados. Muchos routers modernos ofrecen funciones de seguimiento integradas que permiten a los administradores ver una lista de dispositivos conectados a la red, junto con sus direcciones MAC e IP. Los administradores pueden revisar esta lista periódicamente para identificar dispositivos que ya no deben estar conectados y tomar las medidas oportunas, como cambiar la contraseña de la red o bloquear el dispositivo no autorizado. Además, algunos routers incluyen funciones de registro que proporcionan estadísticas específicas de la actividad de la red, lo cual puede ser útil para identificar amenazas o brechas de seguridad.

Finalmente, los usuarios deben ser conscientes de los riesgos asociados a las redes Wi-Fi públicas. Estas redes, como las que se encuentran en cafeterías, aeropuertos y hoteles, suelen ser inseguras y vulnerables a ataques. Al usar redes Wi-Fi públicas, los usuarios deben evitar acceder a información confidencial, como datos bancarios en línea o cuentas privadas, ya que su información puede ser interceptada por atacantes. Para mitigar esta amenaza, los usuarios deben usar siempre una VPN al conectarse a redes Wi-Fi públicas, que cifra sus datos y garantiza que no puedan ser interceptados fácilmente por actores maliciosos.

Proteger las redes wifi es un aspecto importante de la ciberseguridad que requiere una estrategia multifacética. Mediante el uso de un cifrado robusto, la desactivación de la difusión de SSID, la aplicación de controles de acceso y la monitorización frecuente de la red, tanto particulares como empresas pueden reducir considerablemente el riesgo de acceso no autorizado y filtraciones de datos. La seguridad de las redes inalámbricas es un sistema continuo que requiere vigilancia, actualizaciones periódicas y el cumplimiento de buenas prácticas para garantizar que la red se mantenga protegida frente a las amenazas en constante evolución. Dado que las redes wifi desempeñan un papel cada vez más importante en la vida personal y profesional, la importancia de protegerlas es innegable.

4.3. VPN y privacidad

En la era digital actual, donde los datos se transmiten constantemente por internet, la privacidad se ha convertido en un tema cada vez más importante. El uso de redes privadas virtuales (VPN) se ha convertido en una de las herramientas más eficaces para proteger la privacidad y la información confidencial de miradas indiscretas. Una VPN es una tecnología que permite a los usuarios crear una conexión estable y cifrada entre su dispositivo e internet. Esta conexión permite proteger sus actividades en línea de la vigilancia, los hackers y terceros no autorizados, garantizando así un mayor nivel de privacidad al navegar por internet.

Una de las principales ventajas de una VPN es su capacidad para cifrar registros. Cuando un usuario se conecta a una VPN, el tráfico de internet se cifra, lo que hace prácticamente imposible que cualquier persona intercepte o descifre los datos transmitidos. Esto es especialmente importante al utilizar redes públicas o inseguras, como las de cafeterías, aeropuertos y otros espacios públicos. Sin cifrado, los datos que se transmiten a través de estas redes son susceptibles de ser interceptados por actores maliciosos que podrían intentar robar información privada, credenciales de inicio de sesión o información financiera. Al usar una VPN, los usuarios pueden garantizar que sus datos estén cifrados de forma segura, incluso en redes Wi-Fi públicas.

Otra característica clave de las VPN es su capacidad para enmascarar la dirección IP de una persona. A cada dispositivo conectado a internet se le asigna una dirección IP única que identifica su ubicación y puede filtrar la ubicación física de una persona. Las VPN funcionan enrutando el tráfico web a través de un servidor remoto, que enmascara eficazmente la dirección IP del usuario y asigna una nueva desde la ubicación del servidor VPN. Esto dificulta que sitios web, anunciantes e incluso actores maliciosos rastreen la actividad de navegación del usuario o determinen su ubicación física. Además de proteger la privacidad, esta opción también es útil para acceder a contenido restringido o censurado en ciertas áreas geográficas. Al conectarse a un servidor VPN en un estado específico, los usuarios pueden eludir las restricciones geográficas y acceder a sitios web y servicios que, de otro modo, no estarían disponibles.

Las VPN también desempeñan un papel fundamental en la protección de los usuarios contra la vigilancia en línea. Los proveedores de servicios de internet (ISP), los gobiernos y otras organizaciones pueden supervisar las actividades en línea de un usuario y optimizar su historial de navegación, sus búsquedas o incluso los sitios web que visita. Estos datos pueden recopilarse y utilizarse potencialmente para publicidad dirigida, elaboración de perfiles o incluso vigilancia. Al cifrar el tráfico web y ocultar la dirección IP del usuario, una VPN impide que terceros rastreen o recopilen información sobre el comportamiento en línea de una persona. Esto es especialmente importante para quienes valoran su privacidad y desean proteger su información personal de la exposición a anunciantes o entidades gubernamentales.

Además de proteger la privacidad, las VPN también mejoran la seguridad al acceder a servicios en línea sensibles. Por ejemplo, al usar la banca en línea, acceder a credenciales privadas o acceder a redes corporativas, los usuarios deben asegurarse de que su información sea segura. Las VPN ofrecen una capa adicional de protección, garantizando que la información confidencial se transmita a través de una conexión segura. Esto reduce el riesgo de filtraciones de datos, robo de identidad o fraude financiero, que de otro modo podrían surgir si la información confidencial se transmitiera a través de una conexión no segura. Las VPN son especialmente cruciales para los empleados que trabajan de forma remota o que acceden a redes corporativas desde ubicaciones externas, ya que ayudan a garantizar que la información de la empresa permanezca protegida de hackers y ciberdelincuentes.

Si bien las VPN son una herramienta eficaz para proteger la privacidad, es fundamental comprender que ya no son la solución definitiva para todos los problemas de privacidad en línea. Una VPN puede ocultar la dirección IP del usuario y cifrar sus datos, pero no lo hace completamente anónimo en línea. Los sitios web aún pueden rastrear a los usuarios a través de otras vías, como cookies, huellas digitales del navegador y scripts de seguimiento. Por lo tanto, es fundamental que los usuarios combinen el uso de una VPN con otras prácticas de privacidad, como borrar las cookies con frecuencia, deshabilitar los scripts de seguimiento y usar navegadores que prioricen la privacidad. Además, algunos proveedores de VPN pueden registrar la actividad del usuario o tener políticas de privacidad que no se ajustan completamente a sus expectativas. Es fundamental elegir un buen proveedor de VPN con una política estricta de cero registros y que ofrezca prácticas de privacidad transparentes.

El uso de VPN también está sujeto a consideraciones legales y regulatorias. En algunos países, su uso puede estar restringido o incluso ser ilegal, especialmente si se utiliza para evadir la censura gubernamental o acceder a contenido bloqueado. En tales casos, los usuarios deben ser conscientes de las implicaciones penales y considerar si usar una VPN en esa jurisdicción infringe las leyes locales. También es fundamental tener en cuenta que, si bien las VPN ofrecen enormes beneficios de privacidad, no pueden proteger contra todo tipo de ciberataques, como el phishing o el malware. Los usuarios deben seguir diversas buenas prácticas, como el uso de contraseñas seguras y la instalación de software antivirus, para garantizar una seguridad completa.

Las VPN están disponibles con una gran cantidad de burocracia, desde servicios gratuitos hasta opciones de pago de alta gama. Si bien las VPN gratuitas pueden parecer atractivas, suelen presentar barreras, como velocidades más lentas, menos ubicaciones de servidor y posibles riesgos de seguridad. Algunos proveedores de VPN gratuitas pueden incluso recopilar y vender datos de usuario, lo que socava los beneficios de privacidad que se supone que ofrece una VPN. Por otro lado, las VPN premium suelen ofrecer un mejor rendimiento, funciones de seguridad más potentes y una protección de privacidad más completa. Suelen incluir herramientas adicionales, como interruptores de seguridad (que desconectan al usuario si se interrumpe la conexión VPN) y protección contra fugas de DNS, que también mejoran la seguridad y la privacidad.

Para quienes priorizan la privacidad en línea, elegir el proveedor de VPN adecuado es fundamental. Algunos factores clave a considerar incluyen la política de registros de la empresa, el nivel de cifrado ofrecido, la disponibilidad de servidores en diferentes ubicaciones y si el servicio ha sido auditado por un tercio de los participantes independientes para confirmar sus afirmaciones. Los usuarios también deben considerar las opciones de atención al cliente de la empresa, la facilidad de uso de su software y el precio del servicio.

Las VPN no solo son valiosas para usuarios particulares que buscan proteger su privacidad, sino que también las utilizan cada vez más las organizaciones para estabilizar las comunicaciones corporativas y proteger la información confidencial. Las empresas que gestionan grandes volúmenes de información personal, como instituciones financieras, empresas sanitarias y agencias gubernamentales, dependen de las VPN para proteger sus redes internas y contra ciberamenazas. Al usar VPN para establecer canales de comunicación estables entre personal, usuarios y servidores remotos, las organizaciones pueden reducir el riesgo de filtraciones de datos y garantizar que la información confidencial permanezca protegida de amenazas externas.

Las VPN son una herramienta eficaz para proteger la privacidad y las actividades en línea. Al cifrar el tráfico web y proteger las direcciones IP, las VPN ofrecen a los usuarios una capa adicional de seguridad contra la vigilancia, los hackers y el robo de datos. Ya sea para uso privado o empresarial, las VPN son una herramienta crucial en el panorama actual de la ciberseguridad, ya que permiten a personas y empresas proteger su información confidencial, su privacidad y mantener el control sobre sus actividades en línea. Sin embargo, los usuarios deben tener en cuenta que las VPN no son una solución universal para todos los problemas de privacidad, y que combinar su uso con otras prácticas de seguridad es fundamental para una protección completa.

4.4. Consejos de seguridad de red

La seguridad de la red es esencial para salvaguardar la información personal y organizacional. La seguridad de una red no solo consiste en protegerla de amenazas externas, sino también en garantizar que todos los sistemas internos estén protegidos contra el uso indebido o el acceso no autorizado. Las prácticas adecuadas de protección de red ayudan a mitigar los riesgos de ciberataques, filtraciones de datos y vulnerabilidades de la red. Para estabilizar una red con éxito, tanto las personas como las empresas deben adoptar diversas estrategias. A continuación, se presentan algunos consejos clave de seguridad de red que pueden reforzar la seguridad y garantizar un funcionamiento seguro y estable de la red.

Uno de los componentes fundamentales de la seguridad de la red es implementar controles de acceso rigurosos. Limitar el acceso a información confidencial y recursos de la red es fundamental para reducir el riesgo de acceso no autorizado. Los administradores de red deben garantizar que el personal legal autorizado tenga acceso a áreas específicas de la red y establecer permisos transparentes para cada usuario o dispositivo. Esto se puede lograr mediante métodos como la autenticación de usuarios, el control de acceso basado en funciones (RBAC) y el principio de mínimo privilegio, según el cual los usuarios y dispositivos solo reciben el nivel mínimo de acceso necesario para realizar sus tareas. Además, debe implementarse la autenticación multicomponente (MFA) siempre que sea posible. La MFA proporciona una capa adicional de protección al exigir a los usuarios que proporcionen una verificación adicional, como una prueba de huella dactilar o un código de un solo uso, además de su contraseña.

Actualizar periódicamente el hardware y el software de red es otro paso importante para mantener la seguridad de la red. Tanto los routers como los firewalls deben mantenerse actualizados con los parches de firmware y software más recientes. Los proveedores suelen publicar actualizaciones para reparar vulnerabilidades, corregir fallos de seguridad y mejorar el rendimiento general. No instalar estas actualizaciones podría exponer la red a vulnerabilidades de seguridad conocidas que podrían ser explotadas por atacantes. Asimismo, los dispositivos de red, como switches, puntos de acceso y servidores, deben configurarse para instalar automáticamente parches y actualizaciones tan pronto como estén disponibles.

Proteger las defensas perimetrales de la red, que incluyen firewalls y sistemas de detección de intrusiones (IDS), es vital para detener las amenazas a la infraestructura antes de que penetren en la red. Los firewalls actúan como barreras entre las redes internas y externas, filtrando el tráfico entrante y saliente para evitar el acceso no autorizado. Al configurar los firewalls para que solo permitan el acceso desde recursos confiables, los administradores de red pueden reducir drásticamente la probabilidad de un ataque. Los sistemas de detección de intrusiones (IDS) y los sistemas de prevención de intrusiones (IPS) analizan el tráfico de red en busca de indicios de actividad sospechosa. Cuando se detecta una amenaza potencial, un IDS avisa a los administradores, mientras que un IPS puede bloquear activamente el tráfico malicioso en tiempo real.

Una vulnerabilidad común en la seguridad de la comunidad son las contraseñas vulnerables o mal configuradas. Las contraseñas suelen ser la principal línea de defensa contra el acceso no autorizado, por lo que es crucial implementar normas de contraseñas robustas en la comunidad. Se recomienda a los usuarios crear contraseñas largas y complejas que combinen mayúsculas y minúsculas, números y caracteres especiales. Las contraseñas deben ser específicas para cada cuenta y cambiarse con frecuencia para reducir el riesgo de vulneración. Además de implementar contraseñas robustas, también es crucial implementar un administrador de contraseñas para almacenarlas y manipularlas de forma segura. Usar un administrador de contraseñas garantiza que los usuarios y el personal puedan acceder a sus cuentas sin el riesgo de olvidar las contraseñas, además de promover el uso de credenciales más robustas y complejas.

Uno de los mejores métodos para estabilizar una comunidad es mediante la segmentación de la red. Dividir una comunidad en segmentos más pequeños y aislados puede ayudar a limitar la propagación de ataques de seguridad. Por ejemplo, una empresa también puede separar sus sistemas internos en diferentes segmentos según sus características, incluyendo la separación de los sistemas contables de las estructuras de otros departamentos. Esta segmentación garantiza que, si un segmento de la red se ve comprometido, el daño se contenga y no afecte a toda la red. Además, simplifica el proceso de seguimiento y auditoría de los intereses de la red, facilitando la detección de anomalías y la mitigación de riesgos en áreas específicas de la misma.

Otro consejo es cifrar la información confidencial que se transmite por la red. El cifrado garantiza que, incluso si los registros se interceptan durante la transmisión, personas no autorizadas no puedan examinarlos ni acceder a ellos. Esto es especialmente vital para proteger datos confidenciales, como estadísticas económicas, datos médicos o información personal identificable (PII). Por ejemplo, el uso de protocolos como Secure Socket Layer (SSL) y Transport Layer Security (TLS) cifra los datos entre servidores web y usuarios, garantizando así la privacidad de las comunicaciones. También se recomienda cifrar los datos en reposo, incluidos los archivos almacenados en un servidor de red, para evitar el acceso no autorizado si el dispositivo de almacenamiento está comprometido.

Monitorear y registrar la actividad de la comunidad es otro método importante para mejorar la seguridad de la red. Al rastrear activamente el tráfico de la red, los registros del sistema y los incidentes de seguridad, los administradores pueden detectar rápidamente actividades inusuales que puedan indicar una brecha de seguridad. Configurar señales automáticas para detectar comportamientos sospechosos, como un aumento inusual en el tráfico o en los intentos de inicio de sesión, facilita una rápida reacción e investigación. El registro es fundamental para rastrear cualquier incidente de seguridad que ocurra, generando un informe de lo ocurrido y cómo se gestionó la brecha. Estos registros pueden ser invaluables para identificar vulnerabilidades y mejorar la seguridad general de la red.

Implementar una estrategia de copias de seguridad robusta es un elemento crucial para la seguridad de la comunidad, pero a menudo se descuida. Si bien el objetivo suele ser prevenir ataques, es igualmente importante estar preparado ante incidentes de seguridad, como ataques de ransomware o fallos de hardware. Realizar copias de seguridad periódicas de datos cruciales y configuraciones de los equipos garantiza que, en caso de un ataque o fallo del dispositivo, la información se pueda recuperar con un mínimo tiempo de inactividad o pérdida. Las copias de seguridad deben almacenarse en ubicaciones web estables y externas, y revisarse periódicamente para garantizar que se puedan restaurar cuando sea necesario. Las copias de seguridad en la nube son una excelente solución para garantizar que la información se almacene de forma segura y sea fácilmente accesible, incluso en caso de desastre.

La capacitación de usuarios es uno de los factores más importantes para la protección de la comunidad. Incluso las estructuras de protección más avanzadas no pueden proteger contra errores humanos. Las aplicaciones de educación en ciberseguridad para personal o usuarios pueden reducir significativamente el riesgo de fallos de seguridad comunes, como caer en ataques de phishing, el uso de contraseñas vulnerables o la configuración incorrecta de dispositivos. Al enseñar frecuentemente a los usuarios la importancia de las buenas prácticas de seguridad, las empresas pueden fomentar una cultura de concienciación sobre la seguridad que dificulta el éxito de los atacantes. La capacitación debe incluir temas como la identificación de correos electrónicos de phishing, el conocimiento de los riesgos de las redes wifi públicas y el manejo eficaz de datos confidenciales.

Proteger una red requiere un enfoque multifacético, que incluye soluciones técnicas, educación del consumidor y vigilancia continua. Siguiendo estas pautas esenciales de protección de red, las personas y las empresas pueden proteger sus datos, limitar el riesgo de ciberataques y garantizar la integridad y confidencialidad de sus redes. Revisar y actualizar periódicamente las funciones de seguridad de la red, mantenerse informado sobre las amenazas emergentes y fomentar un estilo de vida de concienciación sobre la seguridad son clave para mantener una defensa sólida contra los ciberriesgos en constante evolución.

CAPÍTULO 5

Seguridad móvil

5.1. Medidas de seguridad de los teléfonos inteligentes

Los teléfonos inteligentes se han convertido en dispositivos esenciales en la sociedad actual, ofreciendo todo tipo de servicios, desde comunicación y entretenimiento hasta banca y administración personal. Sin embargo, con su creciente integración en cada aspecto de nuestra vida diaria, también se han convertido en el blanco predilecto de los ciberdelincuentes que buscan aprovechar al máximo sus vulnerabilidades. Proteger su teléfono es fundamental ahora, no solo para proteger sus datos personales, sino también para evitar ser víctima de malware, filtraciones de datos o accesos no autorizados.

La primera y esencial medida para estabilizar un smartphone es habilitar una autenticación robusta. Esto implica configurar un bloqueo de pantalla, que puede ser mediante PIN, contraseña, huella dactilar o reconocimiento facial. Un sistema de autenticación robusta proporciona una capa de protección crucial, lo que dificulta que los atacantes accedan a tu dispositivo en caso de pérdida o robo. El PIN o la contraseña deben ser largos, específicos y difíciles de adivinar, mientras que la autenticación biométrica, como el escaneo de huellas dactilares o el reconocimiento facial, ofrece mayor comodidad sin comprometer la seguridad.

Otro nivel crucial de seguridad es mantener actualizado el sistema operativo y las aplicaciones del teléfono. Los fabricantes de dispositivos móviles y los desarrolladores de aplicaciones lanzan actualizaciones regularmente que solucionan vulnerabilidades de seguridad, mejoran la funcionalidad y corrigen errores. Estas actualizaciones son cruciales para cerrar cualquier brecha de seguridad que pueda ser explotada por actores maliciosos. Los usuarios deben habilitar las actualizaciones automáticas siempre que sea posible para garantizar la estabilidad de sus dispositivos sin necesidad de intervención manual.

Instalar un software de protección en tu smartphone es otro paso importante para proteger tu dispositivo. Las aplicaciones antivirus diseñadas específicamente para dispositivos móviles pueden ayudar a detectar y eliminar aplicaciones, software y virus maliciosos. Estas aplicaciones pueden detectar amenazas, alertar a los usuarios sobre actividades sospechosas y ofrecer protección en tiempo real contra riesgos de capacidad. Es fundamental elegir una aplicación de seguridad móvil fiable con evaluaciones de alta calidad y un historial comprobado de protección contra las ciberamenazas en constante evolución. Si bien ninguna solución puede ofrecer una protección completa, contar con un software de seguridad fiable aumenta las posibilidades de identificar y prevenir ataques.

En cuanto a la seguridad de las aplicaciones, los usuarios deben tener cuidado con las que descargan y los permisos que otorgan. Instalen aplicaciones solo de fuentes confiables, como Google Play Store o Apple App Store. Tengan cuidado con las tiendas de aplicaciones de terceros, que podrían distribuir aplicaciones con malware u otro código malicioso. Además, los usuarios deben revisar cuidadosamente los permisos de las aplicaciones antes de otorgar acceso a información confidencial. Por ejemplo, una simple aplicación de edición de fotos no debería requerir acceso a los contactos ni al micrófono. Al restringir los permisos innecesarios, los usuarios pueden limitar el riesgo de que se comparta información personal con terceros maliciosos.

Cifrar la información confidencial guardada en tu teléfono celular es otra forma eficaz de reforzar la seguridad. La mayoría de los smartphones modernos incluyen funciones de cifrado integradas que protegen la información de tu dispositivo convirtiéndola en un código ilegible al que solo se puede acceder con las credenciales correctas. Esto garantiza que, incluso en caso de pérdida o robo del dispositivo, cualquier información confidencial, como datos bancarios, contraseñas o archivos personales, permanezca protegida. El cifrado es una función crucial para proteger tu privacidad y evitar el acceso no autorizado a tus datos.

Usar una red privada virtual (VPN) al acceder a internet a través de una red wifi pública es una medida esencial de protección celular. Las redes públicas, como las de cafeterías, aeropuertos o hoteles, suelen ser inseguras y pueden revelar tu información, lo que podría permitir que los ciberdelincuentes la intercepten. Una VPN cifra tu tráfico de internet, creando un túnel seguro para tus datos, incluso en redes inseguras. Esto impide que los atacantes accedan a tu información personal, como tus credenciales de inicio de sesión, historial de navegación o datos de tarjetas de crédito, incluso al usar una red wifi pública.

Además, es crucial proteger tu teléfono con funciones de rastreo y borrado remoto. En caso de pérdida o robo, herramientas como "Buscar mi iPhone" para dispositivos Apple y "Buscar mi dispositivo" para dispositivos Android te permitirán encontrarlo, bloquearlo remotamente o borrar toda su información. Esto garantiza que la información confidencial no caiga en manos indebidas. Activar el borrado remoto puede ser una gran ayuda si no puedes recuperar tu dispositivo, ya que borra por completo toda tu información personal, dejándola a merced de los ladrones.

Otro nivel clave de seguridad móvil es tener cuidado con los hipervínculos y archivos adjuntos en mensajes o correos electrónicos. Los ataques de phishing son una táctica común utilizada por los ciberdelincuentes para robar información personal. Estos ataques suelen presentarse en forma de mensajes fraudulentos que parecen válidos, pero incluyen enlaces o archivos adjuntos que, al hacer clic, conducen a sitios web maliciosos o instalan malware en el teléfono. Verifique siempre el origen de un mensaje antes de interactuar con cualquier enlace o archivo adjunto. Si no está seguro, no haga clic en ellos y, en su lugar, visite el sitio web directamente escribiendo su dirección en el navegador.

Para quienes almacenan información confidencial, como contraseñas, registros financieros o datos científicos, en sus teléfonos inteligentes resulta muy útil usar un administrador de contraseñas. Este sistema almacena de forma segura las contraseñas y otra información confidencial mediante un cifrado robusto para evitar el acceso no autorizado. Estas herramientas no solo ayudan a los usuarios a generar contraseñas seguras y específicas para cuentas específicas, sino que también garantizan que las contraseñas no se almacenen de forma insegura. Muchos administradores de contraseñas también incluyen funciones de autenticación de dos factores (2FA), lo que añade una capa adicional de protección para cuentas importantes.

Realizar copias de seguridad de tus datos también es una práctica fundamental para la seguridad móvil. Realizar copias de seguridad regulares de los registros de tu teléfono garantiza que, en caso de fallo, robo o pérdida del dispositivo, no pierdas datos importantes. Las soluciones de copia de seguridad en la nube, como Google Drive para dispositivos Android e iCloud para iPhone, facilitan la copia de seguridad de datos de forma segura y su recuperación rápida cuando la necesites. Además, las copias de seguridad físicas en un dispositivo de almacenamiento externo, como un ordenador o un disco duro externo, pueden ofrecer una capa adicional de seguridad.

Finalmente, es crucial tener en cuenta los peligros asociados con el uso de Bluetooth y otras conexiones inalámbricas. Los dispositivos con Bluetooth pueden ser explotados ocasionalmente por atacantes para obtener acceso no autorizado a su teléfono. Cuando no los use, desactive el Bluetooth y otras funciones inalámbricas, como NFC (Near Field Communication), para reducir la probabilidad de ser el objetivo de los ciberdelincuentes. Si usa Bluetooth, asegúrese de que su dispositivo esté en modo "oculto" o "invisible" para que otros no puedan detectarlo fácilmente.

Proteger un smartphone requiere una combinación de medidas proactivas y un comportamiento cuidadoso. Al implementar métodos de autenticación robustos, actualizar la herramienta y las aplicaciones con regularidad, usar software de seguridad confiable y usar cifrado, los usuarios pueden reducir considerablemente el riesgo de que sus dispositivos se vean comprometidos. Además, estar al tanto de amenazas comunes como el phishing, gestionar los permisos de las aplicaciones con precaución y utilizar herramientas como VPN y opciones de borrado remoto mejoran aún más la seguridad del teléfono. Con las precauciones adecuadas, los smartphones pueden mantenerse seguros y proteger su valiosa información personal de ataques maliciosos.

5.2. Permisos de aplicaciones y uso compartido de datos

En el panorama virtual ultramoderno, los teléfonos inteligentes se han convertido en herramientas vitales que almacenan cantidades considerables de información privada. Desde fotos y contactos hasta información bancaria y datos de salud, los dispositivos móviles albergan gran parte de nuestra información más confidencial. A medida que las aplicaciones se vuelven cada vez más avanzadas, los permisos que solicitan pueden afectar considerablemente nuestra privacidad y seguridad. Comprender y gestionar los permisos de las aplicaciones es fundamental para proteger tu información personal y garantizar que no esté expuesta a riesgos innecesarios.

Los permisos de las aplicaciones son los derechos específicos que se otorgan a una aplicación para acceder a ciertas funciones o estadísticas de tu teléfono. Al instalar una aplicación nueva, esta suele solicitar varios permisos, como el acceso a la cámara, el micrófono, la ubicación, los contactos, el calendario, etc. Si bien algunos de estos permisos son esenciales para el funcionamiento de la aplicación (por ejemplo, una aplicación de fotos que necesita acceso a la cámara), otros pueden ser innecesarios o excesivos para su propósito. Por lo tanto, es fundamental revisar y controlar cuidadosamente estos permisos para evitar la pérdida de datos o el uso indebido.

Muchas aplicaciones solicitan permisos que van más allá de los necesarios para su función principal. Por ejemplo, una simple aplicación de linterna también podría solicitar acceso a tus contactos o ubicación, aunque estos datos no siempre sean necesarios para que la aplicación funcione. Otorgar estos permisos innecesarios aumentará el riesgo de que se revele o se use indebidamente información personal, ya sea a través de la propia aplicación o mediante posibles brechas de seguridad. Para limitar el riesgo, es recomendable denegar o limitar los permisos que no sean esenciales para el funcionamiento de la aplicación.

Los smartphones modernos ofrecen a los usuarios cierto control sobre los permisos de las aplicaciones, lo que permite verificar, modificar o revocar el acceso a funciones o información específicas en cualquier momento. Tanto iOS como Android ofrecen configuraciones centralizadas que permiten a los usuarios ver qué aplicaciones tienen acceso a información específica, como la ubicación, los contactos, la cámara y el micrófono. Revisar estas configuraciones con regularidad es fundamental, ya que las aplicaciones pueden solicitar nuevos permisos tras actualizarse. Al revisar periódicamente los permisos de las aplicaciones, se asegura de que solo las aplicaciones que realmente necesitan acceder a información confidencial lo tengan.

Por ejemplo, si tienes una aplicación del clima que solicita acceso a tus contactos o calendario, puedes desactivar estos permisos desde la configuración de tu teléfono. De igual forma, si una aplicación de edición de fotos solicita acceso a tu región y no quieres compartir esta información, puedes revocar ese permiso. Siempre pregunta si una aplicación realmente requiere acceso a una función específica o si lo solicita por motivos potencialmente cuestionables. En la mayoría de los casos, puedes usar la aplicación sin otorgar acceso completo a todos tus datos.

El principio del mínimo privilegio debe guiar tus decisiones sobre los permisos de las aplicaciones. Esto significa otorgarle a una aplicación solo los permisos que realmente necesita. Por ejemplo, una aplicación de escritura solo debería acceder a tu memoria, mientras que una aplicación de mensajería podría requerir acceso a tus contactos y cámara. No debería solicitar permisos para acceder a tu micrófono, espacio u otros datos, a menos que exista una razón clara y válida para ello. Siguiendo este principio, reduces la posibilidad de uso indebido de datos y limitas tu exposición a posibles violaciones de la privacidad.

Además de controlar los permisos, los clientes también deben tener cuidado con los datos que comparten con las aplicaciones. Muchas aplicaciones solicitan información personal durante el proceso de registro, como tu nombre, dirección de correo electrónico o incluso información más confidencial, como tus estadísticas financieras o cuentas en redes sociales. Antes de compartir información personal, considera si es importante que la aplicación la utilice. Algunas aplicaciones pueden solicitar información que no necesitan para sus servicios, pero la obtienen para fines comerciales o publicitarios. En esos casos, suele ser recomendable evitar compartir información innecesaria o buscar otras aplicaciones que valoren tu privacidad.

Además, es fundamental recordar las directrices de la aplicación para compartir datos. Muchas aplicaciones comparten datos de usuario con terceros, como anunciantes, empresas de análisis o socios comerciales. Compartir datos puede generar publicidad dirigida, pero también genera dudas sobre cómo se utilizan tus datos personales y si se incluyen adecuadamente. Lee siempre la política de privacidad de la aplicación para saber cómo se pueden usar, guardar y compartir tus datos. Algunas aplicaciones ofrecen opciones para restringir el uso compartido de datos o desactivar la publicidad dirigida, lo que te da cierto control sobre el uso de tus datos.

Además, ten cuidado con las aplicaciones que solicitan acceso a tus cuentas de redes sociales u otros servicios. Estas aplicaciones pueden tener motivos legítimos para solicitarlo, como integrarse con tu calendario o buscar tus contactos, pero también representan un riesgo si la seguridad de la aplicación se ve comprometida. Si decides conceder acceso a una cuenta de redes sociales, ten en cuenta el alcance del permiso. También puedes limitar la capacidad de la aplicación para publicar en tu nombre, acceder a tu lista de amigos o ver tu información personal.

También es muy útil comprobar si la aplicación ofrece medidas sólidas de protección de datos, como el cifrado. El cifrado garantiza que toda la información transmitida entre la aplicación y sus servidores esté cifrada, lo que dificulta que los atacantes intercepten o roben tu información. Las aplicaciones que no ofrecen cifrado deberían dejar tu información expuesta a los ciberdelincuentes, especialmente cuando se transmite a través de redes inseguras, como redes wifi públicas.

Una práctica común que muchos usuarios olvidan es cerrar sesión en las aplicaciones cuando no las usan, sobre todo al usar dispositivos compartidos. Muchas aplicaciones, en particular las de redes sociales y banca, ofrecen la opción de mantener la sesión iniciada para mayor comodidad, pero dejar la cuenta abierta en dispositivos compartidos o públicos aumenta el riesgo de acceso no autorizado. Cerrar sesión regularmente en las aplicaciones garantiza la seguridad de tus datos, especialmente en caso de pérdida o robo de tu dispositivo.

Para los usuarios que se preocupan enormemente por la privacidad, existen aplicaciones y herramientas enfocadas en ella. Por ejemplo, existen navegadores y aplicaciones de mensajería que priorizan la privacidad al no monitorear la actividad del usuario ni compartir información con un tercio de las partes. Asimismo, existen aplicaciones VPN que ofrecen una conexión segura mientras navegas por internet, ocultando tu ubicación y protegiendo tus datos del acceso no autorizado.

Los permisos de las aplicaciones y el intercambio de datos son componentes importantes de la seguridad móvil. Al conocer los permisos que solicitan las aplicaciones y tomar medidas para restringir el acceso a información confidencial, los usuarios pueden reducir considerablemente el riesgo de que su información personal se exponga o se use indebidamente. Revisar y ajustar regularmente los permisos de las aplicaciones, prestar atención a la información compartida y elegir aplicaciones con políticas de privacidad estrictas son pasos clave para garantizar la estabilidad de su teléfono y la seguridad de sus datos. Al ser precavido y proactivo, podrá disfrutar de las ventajas de la tecnología móvil sin sacrificar su privacidad.

5.3. Software antivirus para dispositivos móviles

En un mundo cada vez más conectado, los dispositivos móviles se han convertido en algo más que simples herramientas de comunicación; almacenan una gran cantidad de información personal, como fotos, contraseñas, datos financieros o incluso comunicaciones empresariales delicadas. A medida que el uso de teléfonos inteligentes y tabletas sigue en aumento, también lo hace el panorama de riesgos. Así como las computadoras son vulnerables a malware, virus y otras ciberamenazas, los dispositivos móviles también están expuestos a riesgos. El software antivirus para dispositivos móviles se ha convertido en una herramienta crucial para la protección contra estos riesgos, garantizando la seguridad y privacidad de los usuarios en el ecosistema móvil.

El software antivirus para dispositivos móviles funciona de forma muy similar a sus homólogos informáticos: analiza, detecta y neutraliza amenazas como malware, ransomware, spyware y otros tipos de software malicioso. Dado que los dispositivos móviles se utilizan a menudo para diversas tareas, como navegar por internet, descargar aplicaciones, realizar operaciones bancarias en línea o incluso comprar, los convierte en objetivos prioritarios para los ciberdelincuentes que buscan robar información confidencial o interrumpir operaciones. Por ello, el software antivirus para móviles se ha desarrollado para ofrecer funciones avanzadas, adaptadas específicamente a la seguridad móvil.

Los dispositivos móviles, especialmente los que utilizan sistemas Android e iOS, corren el riesgo de encontrarse con tipos específicos de amenazas maliciosas. Los dispositivos Android suelen considerarse más vulnerables debido a la naturaleza abierta del sistema operativo, que permite la instalación de aplicaciones de terceros fuera de la tienda oficial de Google Play. Esto aumenta las posibilidades de descargar una aplicación infectada con malware o spyware. Por otro lado, los dispositivos iOS suelen considerarse más estables debido al estricto proceso de aprobación de aplicaciones de Apple. Sin embargo, ni siquiera los usuarios de iOS son inmunes a las amenazas, ya que los últimos incidentes de malware se han centrado en dispositivos iOS a través de vulnerabilidades del sistema.

Una de las funciones más importantes del software antivirus para dispositivos móviles es detectar y bloquear el malware. Este malware puede distribuirse mediante diversos procesos, como aplicaciones maliciosas, sitios web de phishing o descargas dañinas. Estos programas suelen intentar robar información personal, como credenciales de inicio de sesión, información financiera e imágenes confidenciales. Algunos tipos de malware, como el ransomware, pueden bloquear el acceso de los usuarios a sus dispositivos o cifrar sus datos, lo que supone un coste traumático a cambio de restaurar el acceso. El software antivirus analiza estas amenazas en tiempo real, lo que proporciona protección contra ataques que, de otro modo, podrían pasar desapercibidos para el usuario.

Además, muchas aplicaciones antivirus móviles incluyen funciones que protegen contra ataques de phishing. El phishing es una técnica común en la que los ciberdelincuentes utilizan sitios web o aplicaciones falsos para engañar a los usuarios y conseguir su información personal, como contraseñas, números de tarjetas de crédito y datos de seguridad social. Los antivirus móviles pueden encontrar enlaces sospechosos, bloquear sitios web maliciosos y alertar a los usuarios cuando estén a punto de acceder a un sitio falso, impidiendo así una filtración de datos.

Otra característica crucial que ofrece el software antivirus para dispositivos móviles es la protección de aplicaciones. Dado que los smartphones se usan con frecuencia para descargar una gran variedad de aplicaciones, muchas de las cuales solicitan acceso a información confidencial, es fundamental garantizar su seguridad. Algunas aplicaciones también pueden contener malware oculto o reproducir los juegos de los usuarios sin su consentimiento. El software antivirus puede examinar las aplicaciones durante la instalación y comprobarlas periódicamente para garantizar que no contengan código malicioso. En algunos casos, los antivirus también determinan los permisos de la aplicación y alertan a los usuarios si una aplicación solicita acceso innecesario a información como contactos, ubicación o almacenamiento, lo que puede aumentar los riesgos de privacidad.

El software antivirus móvil también desempeña un papel crucial en la protección de la privacidad de los usuarios mientras navegan en línea. Muchos clientes realizan transacciones financieras, como banca móvil y compras, a través de sus dispositivos. Los ciberdelincuentes suelen atacar estas actividades inyectando código malicioso en sitios web, robando información de tarjetas de crédito o interceptando datos personales. Un software antivirus con navegación segura garantiza la protección de los usuarios al visitar tiendas online, redes sociales o consultar sus cuentas bancarias. Esta función suele incluir la integración de VPN, que permite proteger el tráfico web de los usuarios mediante su cifrado, lo que impide la interceptación de datos personales incluso cuando se transmiten a través de redes Wi-Fi públicas o no seguras.

Los dispositivos móviles, especialmente los smartphones, también pueden perderse o ser robados, por lo que es fundamental proteger la información incluso si el dispositivo está físicamente comprometido. Algunos programas antivirus incluyen funciones antirrobo, como bloqueo remoto, borrado de datos y rastreo de ubicación. Si un dispositivo se pierde o es robado, el usuario puede bloquearlo remotamente para evitar el acceso no autorizado y, si es necesario, borrar información confidencial para evitar que caiga en manos indebidas. Estas funciones ofrecen una capa adicional de protección en caso de robo del dispositivo.

Además, muchos paquetes antivirus para dispositivos móviles incluyen seguimiento en tiempo real, que analiza constantemente aplicaciones, documentos y otros datos del dispositivo en busca de posibles amenazas. Esto garantiza que las nuevas amenazas, que podrían no haberse diagnosticado al instalarse inicialmente, se detecten con prontitud y se gestionen antes de que puedan causar daños. La protección en tiempo real es fundamental dada la frecuencia con la que los usuarios descargan aplicaciones y navegan por internet, exponiendo sus dispositivos a un panorama de ciberamenazas en constante evolución.

el software antivirus para proteger los dispositivos móviles, es fundamental tener en cuenta que las herramientas antivirus por sí solas no pueden garantizar una seguridad completa. Los usuarios deben adoptar una estrategia integral de protección móvil combinando el software antivirus con prácticas seguras, como evitar enlaces sospechosos, descargar aplicaciones solo desde fuentes confiables como tiendas de aplicaciones oficiales y actualizar regularmente sus dispositivos con los nuevos parches de seguridad. También es recomendable desactivar funciones que puedan ser explotadas por atacantes, como Bluetooth y Wi-Fi, cuando no se utilicen, y utilizar contraseñas robustas o autenticación biométrica para proteger el acceso al dispositivo.

El software antivirus para dispositivos móviles es un componente crucial para proteger la información personal y garantizar la seguridad de smartphones y tablets en un entorno virtual cada vez más peligroso. Con el aumento de las amenazas de vanguardia dirigidas a los dispositivos móviles, es vital que los usuarios equipen sus dispositivos con soluciones antivirus fiables que ofrezcan protección en tiempo real, detecten malware, bloqueen los intentos de phishing y protejan la privacidad. De esta forma, los usuarios pueden reducir los riesgos de las ciberamenazas y disfrutar de una experiencia móvil más segura y estable. Sin embargo, es fundamental recordar que la protección móvil debe abordarse siempre con un enfoque multicapa, combinando herramientas antivirus con un comportamiento de usuario prudente y prácticas sólidas de seguridad para dispositivos.

5.4. Seguridad de la banca móvil

La banca móvil ha revolucionado la forma en que las personas gestionan su presupuesto, permitiendo a los clientes consultar saldos, modificar presupuestos, realizar pagos e incluso gestionar préstamos, todo desde la palma de la mano. Con la ventaja de acceder a las ofertas bancarias desde cualquier lugar, no es de extrañar que la banca móvil se haya convertido en una parte vital de la vida moderna. Sin embargo, esta comodidad también conlleva numerosos desafíos de seguridad, ya que las aplicaciones de banca móvil suelen ser blanco de ciberdelincuentes que buscan aprovechar al máximo sus vulnerabilidades. Proteger las actividades de banca móvil requiere un enfoque integral de seguridad, ya que el riesgo de fraude y robo de información sigue aumentando.

La primera y más fundamental línea de protección para la seguridad de la banca móvil es el propio dispositivo. Garantizar la seguridad de su smartphone o tableta es fundamental, ya que un dispositivo inseguro es una puerta abierta a posibles atacantes. Un dispositivo que no esté protegido mediante contraseña, PIN o autenticación biométrica (como la huella dactilar o el reconocimiento facial) es un blanco fácil para el acceso no autorizado. Los ciberdelincuentes pueden acceder a su aplicación bancaria si su dispositivo está desbloqueado, poniendo en riesgo su información financiera y personal. Establecer una contraseña segura o habilitar la autenticación multifactor (MFA) es un paso esencial para proteger su dispositivo incluso antes de acceder a la aplicación de banca móvil.

Otro aspecto fundamental es asegurarse de que su dispositivo móvil (iOS o Android) y su aplicación bancaria estén actualizados. Las actualizaciones de los dispositivos móviles incluyen parches de seguridad que corrigen las vulnerabilidades descubiertas por desarrolladores o profesionales de seguridad. Sin actualizaciones periódicas, su dispositivo podría estar expuesto a amenazas como malware o exploits que podrían comprometer sus registros bancarios. Asimismo, actualizar su aplicación de banca móvil garantiza que se instalen las actualizaciones de seguridad y las correcciones de troyanos proporcionadas por la entidad financiera, lo que minimiza los riesgos de seguridad de versiones anteriores de la aplicación. Muchos programas de banca móvil incluyen funciones de actualización automática, lo que facilita a los usuarios mantener la versión actual sin intervención manual.

Uno de los mayores peligros de la banca móvil es el uso de redes Wi-Fi no seguras. Las zonas Wi-Fi públicas, como las de cafeterías, aeropuertos u hoteles, son objetivos prioritarios para los atacantes que interceptan la información transmitida a través de ellas. Dado que muchos clientes inician sesión en sus aplicaciones de banca móvil al mismo tiempo que usan una red Wi-Fi pública, revelan sin saberlo sus credenciales de inicio de sesión y datos financieros a los ciberdelincuentes mediante ataques de intermediario (MitM). En un ataque MitM, el atacante intercepta la comunicación entre el dispositivo del cliente y el servidor del banco, lo que le permite robar información confidencial. Para evitar esto, es recomendable evitar acceder a servicios de banca móvil a través de redes Wi-Fi públicas. Si necesita usar una red Wi-Fi pública, considere usar una red privada virtual (VPN), que cifra su conexión a internet y añade una capa adicional de seguridad.

El uso de la autenticación de dos elementos (2FA) es otro aspecto esencial de la seguridad de la banca móvil. La 2FA proporciona una capa adicional de seguridad al requerir que los clientes confirmen su identidad mediante dos tipos de identificación: algo que saben (como una contraseña) y algo que tienen (como un código enviado por SMS o una aplicación de autenticación). Muchos bancos ya ofrecen la 2FA en sus aplicaciones de banca móvil, requiriendo que los clientes ingresen una contraseña de un solo uso (OTP) o aprueben un intento de inicio de sesión en su dispositivo móvil, además de sus credenciales habituales. Este paso adicional garantiza que, incluso si un atacante logra obtener su contraseña, no podrá acceder a su cuenta sin el segundo factor.

Los ataques de phishing también son una amenaza habitual para los clientes de banca móvil. Los ciberdelincuentes utilizan técnicas de phishing para engañar a los clientes y conseguir que introduzcan sus credenciales bancarias en sitios web falsos o dentro de aplicaciones maliciosas. Los intentos de phishing también pueden presentarse mediante SMS, correos electrónicos o mensajes en redes sociales que parecen provenir de entidades financieras legítimas, instando a los clientes a iniciar sesión o confirmar la información de su cuenta. Estas comunicaciones falsas suelen contener enlaces a sitios web fraudulentos que imitan el sitio web de la entidad financiera legítima. Cuando los clientes introducen sus credenciales de inicio de sesión, los atacantes pueden capturarlas y usarlas para acceder a sus cuentas. Es fundamental tener precaución al hacer clic en enlaces de fuentes desconocidas o al recibir comunicaciones no solicitadas que soliciten información personal o bancaria. Verifique siempre la autenticidad de la fuente antes de tomar cualquier medida.

Además, es fundamental descargar las aplicaciones de banca móvil solo desde fuentes confiables, como tiendas de aplicaciones legítimas como Google Play o la App Store de Apple. Evite descargar aplicaciones de terceros, ya que pueden estar comprometidas o ser maliciosas. Si una aplicación bancaria no está disponible en una tienda de aplicaciones oficial, es una señal de alerta. Instalar aplicaciones de fuentes no confiables expone a los usuarios al riesgo de descargar malware o aplicaciones falsas diseñadas para robar información de inicio de sesión. Al descargar una aplicación bancaria, asegúrese también de que esté desarrollada por un banco legítimo y no sea una aplicación falsificada creada por ciberdelincuentes.

La seguridad de la banca móvil también incluye la supervisión de sus cuentas para detectar actividades no autorizadas. Muchas aplicaciones de banca móvil ofrecen notificaciones en tiempo real sobre las transacciones de la cuenta, lo que permite a los usuarios mantenerse informados de cualquier actividad no autorizada. En caso de transacciones fraudulentas, se pueden tomar medidas inmediatas para alertar a la institución financiera y evitar daños mayores. Además, muchas aplicaciones permiten a los usuarios congelar o bloquear sus cuentas, lo que dificulta que un atacante acceda a sus finanzas o realice transacciones. Es fundamental revisar con frecuencia sus estados de cuenta y detectar cualquier discrepancia.

Las aplicaciones de banca móvil suelen emplear protocolos de cifrado para proteger la transmisión de información confidencial. El cifrado garantiza que cualquier información enviada entre su dispositivo y el servidor de la entidad financiera sea ilegible para cualquier persona que pueda interceptarla. Busque aplicaciones bancarias que utilicen protocolos de cifrado robustos, como TLS (Transport Layer Security), una tecnología de seguridad común que establece un enlace cifrado entre su dispositivo y los servidores de la entidad financiera. Esto garantiza que, incluso si los datos son interceptados, permanezcan seguros.

En caso de pérdida o robo de su dispositivo móvil, es fundamental actuar de inmediato para proteger sus datos bancarios. Muchos dispositivos móviles ofrecen funciones de borrado o bloqueo remoto, que permiten a los usuarios borrar o bloquear su dispositivo desde una ubicación remota. Si su dispositivo cuenta con esta opción, podría impedir que los atacantes accedan a su aplicación bancaria y a sus registros confidenciales. Además, muchos bancos ofrecen un servicio de atención al cliente dedicado para reportar dispositivos extraviados o robados, lo que también permite congelar o desactivar temporalmente su cuenta hasta que recupere el control.

Finalmente, los clientes también deben tener cuidado al usar aplicaciones de banca móvil para asuntos más sensibles, como transferir grandes cantidades de dinero o realizar pagos de facturas. Siempre es recomendable verificar la información antes de confirmar cualquier transacción. Asegúrese de que los datos del destinatario sean correctos y, si es necesario, utilice métodos de verificación en varios pasos para garantizar la validez de la transacción.

La protección de la banca móvil requiere una técnica multicapa para garantizar que las estadísticas económicas confidenciales estén protegidas contra una amplia variedad de amenazas. Al implementar técnicas de autenticación robustas, evitar redes inseguras, actualizar regularmente las aplicaciones y los sistemas operativos, y estar alerta ante el phishing y otros ataques de ingeniería social, los clientes pueden reducir significativamente el riesgo de ser víctimas de ciberdelitos. A medida que crece la dependencia de la banca móvil, comprender y aplicar estas medidas de seguridad seguirá siendo fundamental para proteger la información personal y financiera en un mundo cada vez más digital.

CAPÍTULO 6

Ciberseguridad en el lugar de trabajo

6.1. Políticas de ciberseguridad en el lugar de trabajo

En la era digital actual, donde casi todos los aspectos del trabajo dependen de la edad, la ciberseguridad en el lugar de trabajo se ha convertido en un componente fundamental para proteger no solo la información confidencial de una empresa, sino también la información personal de empleados y clientes. A medida que las ciberamenazas siguen evolucionando, contar con una política de ciberseguridad integral y bien estructurada es fundamental para mantener un entorno operativo seguro. Una política de ciberseguridad en el lugar de trabajo describe las normas y prácticas para proteger los activos digitales, las estructuras de red y la información confidencial de ciberamenazas como el hackeo, el malware, los ataques de phishing y las filtraciones de datos.

La importancia de una sólida cobertura de ciberseguridad en el lugar de trabajo es innegable. Sin este tipo de política, las empresas son más vulnerables a los ciberataques, que pueden ocasionar pérdidas económicas, daños a la reputación y consecuencias legales. Una política bien diseñada establece expectativas claras para el personal respecto a sus funciones y responsabilidades en la protección de la información de la empresa, fomentando así una cultura de protección proactiva en el lugar de trabajo.

Uno de los primeros pasos para organizar la cobertura de ciberseguridad de un centro administrativo es definir su alcance. Esto incluye identificar los tipos de datos, sistemas y propiedades que requieren protección. La cobertura debe cubrir no solo la infraestructura virtual, como computadoras, redes y servidores, sino también activos físicos como impresoras, dispositivos móviles y dispositivos de almacenamiento, que también pueden contener información confidencial. Además, la política debe especificar los tipos de datos considerados confidenciales o privados, como la propiedad intelectual, los registros de los empleados y los datos financieros.

Un aspecto clave de la política de ciberseguridad en el lugar de trabajo es el control de acceso. Garantizar que solo el personal autorizado pueda acceder a ciertos sistemas y registros es fundamental para proteger los activos digitales de la empresa. La política debe definir claramente el sistema para otorgar, gestionar y revocar el acceso a información confidencial. Los mecanismos de control de acceso también pueden incluir el acceso basado en la posición, donde el personal solo tiene acceso a la información esencial para sus funciones, y la autenticación multifactor (MFA), que requiere que el personal autentique su identidad mediante dos métodos, como una contraseña y un escáner de huellas dactilares. La política también debe exigir el uso de contraseñas seguras y específicas, así como su modificación periódica, para mejorar la seguridad.

El cifrado de datos es otro aspecto esencial de la ciberseguridad en el lugar de trabajo. La política debe exigir el cifrado de datos confidenciales, tanto en tránsito como en reposo. Los datos en tránsito se refieren a la información que se envía a través de redes, como correos electrónicos o documentos subidos al almacenamiento en la nube, mientras que los datos en reposo se refieren a la información almacenada en servidores, bases de datos o dispositivos del personal. El cifrado convierte estos datos en código ilegible, lo que dificulta que personas no autorizadas accedan o roben información valiosa.

La política de ciberseguridad del lugar de trabajo también debe abordar el uso de dispositivos personales, comúnmente conocidos como políticas BYOD (Trae tu propio dispositivo). Muchos empleados ahora usan sus teléfonos inteligentes, portátiles y tabletas personales para fines laborales, lo que aumenta el riesgo de brechas de seguridad si estos dispositivos no se gestionan adecuadamente. La política debe establecer recomendaciones para el uso de dispositivos personales, junto con medidas de seguridad como la instalación obligatoria de software antivirus y garantizar que los empleados utilicen una red segura al acceder a las estructuras corporativas. También es fundamental establecer políticas sobre el tipo de información a la que se puede acceder o almacenar en dispositivos personales para limitar el riesgo de fuga de datos.

Además de acceder a los controles y al cifrado, la política debe incluir directrices claras sobre cómo el personal debe gestionar y compartir información confidencial. Esto puede incluir prácticas de calidad para el uso de estrategias estables de intercambio de datos y evitar el envío de información confidencial a través de canales no seguros como el correo electrónico. Los empleados deben recibir formación sobre cómo comprender y prevenir ataques de ingeniería social, como los correos electrónicos de phishing, que son técnicas comunes utilizadas por los ciberdelincuentes para obtener acceso no autorizado a sistemas y datos. Proporcionar al personal formación continua en ciberseguridad es un aspecto clave de la política y les ayudará a comprender los riesgos y las buenas prácticas para la protección de la información empresarial.

Otro factor esencial de la cobertura de ciberseguridad en el lugar de trabajo es la respuesta a incidentes. La política debe definir un método claro y ecológico para informar y responder a incidentes de ciberseguridad, incluyendo filtraciones de datos, infecciones de malware o acceso no autorizado a estructuras. Los empleados deben saber a quién contactar y qué medidas tomar en caso de un incidente de ciberseguridad. La cobertura también debe ofrecer orientación sobre cómo la empresa investigará el incidente, mitigará su impacto y evitará que se repitan incidentes similares en el futuro. Un plan de respuesta a incidentes bien elaborado puede reducir los daños causados por un ataque y garantizar una pronta recuperación de la empresa.

Las actualizaciones periódicas de dispositivos y la gestión de parches también son componentes clave de la política de ciberseguridad de una oficina. Mantener el software y los sistemas actualizados es fundamental para evitar que los ciberdelincuentes exploten vulnerabilidades conocidas. La política debe exigir que todos los empleados y el personal de TI instalen actualizaciones de seguridad tan pronto como estén disponibles. Esto aplica no solo a los sistemas operativos y al software empresarial, sino también a los dispositivos de red, como routers y firewalls, que también pueden ser atacados por los ciberdelincuentes.

Además, la política debe abordar las estrategias de respaldo de datos y recuperación ante desastres. En caso de un ciberataque, en particular ataques de ransomware que impiden el acceso de las empresas a sus datos, contar con copias de seguridad periódicas garantiza la restauración de datos cruciales sin pagar un rescate. Los empleados deben comprender la importancia de las copias de seguridad de datos, y la empresa debe implementar soluciones de respaldo automáticas para garantizar que las copias de los registros críticos estén siempre disponibles para su recuperación.

La seguridad física es otro aspecto que debe considerarse en la política de ciberseguridad de la empresa. Si bien gran parte de la ciberseguridad se centra en las amenazas digitales, el acceso físico a computadoras, servidores y otros sistemas sensibles es igualmente crucial. La política debe establecer normas para proteger los dispositivos mientras los empleados no los utilizan, incluyendo el bloqueo de computadoras y dispositivos móviles o el uso de tokens de seguridad físicos para controlar el acceso. Además, se debe indicar a los empleados que guarden los archivos y dispositivos sensibles en cajones o habitaciones con llave para evitar el acceso no autorizado.

Las auditorías y exámenes regulares también deben formar parte de la cobertura. La organización debe realizar auditorías de seguridad periódicas y análisis de vulnerabilidades para identificar posibles debilidades en su estrategia de ciberseguridad. Estas evaluaciones ayudarán a garantizar el cumplimiento de la política y la eficacia de los controles de protección. Cualquier brecha o debilidad identificada debe abordarse con prontitud, y la política debe mantenerse actualizada para reflejar los nuevos desafíos o tecnologías de protección.

Una sólida cobertura de ciberseguridad en el lugar de trabajo es crucial para proteger tanto los activos de la empresa como la información personal de su personal. Al definir controles de acceso claros, implementar cifrado, capacitar al personal en buenas prácticas de ciberseguridad y prepararse para posibles incidentes, las empresas pueden mitigar el riesgo de ciberamenazas y proteger sus operaciones. En un panorama digital en constante cambio, es fundamental revisar y actualizar la política con frecuencia para anticiparse a las amenazas emergentes y garantizar la seguridad continua del centro administrativo.

6.2. Estrategias de protección de datos y copias de seguridad

La protección de datos es uno de los aspectos más esenciales de la ciberseguridad, especialmente en entornos laborales donde la información confidencial debe protegerse contra amenazas de capacidad. A medida que las empresas dependen cada vez más de sistemas y datos virtuales, se vuelve más crucial implementar estrategias eficaces de seguridad y copias de seguridad de datos para garantizar la continuidad del negocio, el cumplimiento normativo y la integridad de los activos críticos de la empresa. Con el aumento de las ciberamenazas, como el ransomware, las filtraciones de datos y los fallos naturales, contar con un sistema integral de protección y copias de seguridad de datos es crucial para minimizar los riesgos y garantizar que una organización pueda recuperarse rápidamente de un incidente.

La seguridad de los datos implica proteger las estadísticas digitales contra la corrupción, el riesgo o la pérdida. Es una parte vital del enfoque de ciberseguridad de una organización, ya que garantiza que la información valiosa —como estadísticas económicas, información de consumidores, propiedad intelectual y datos de empleados— permanezca segura y accesible únicamente para las personas jurídicas. La protección de datos va más allá del simple cifrado de registros o la restricción del acceso a ellos; abarca políticas, enfoques y tecnologías diseñadas para mantener la confidencialidad, integridad y disponibilidad de la información durante su ciclo de vida.

Para garantizar una protección eficaz de las estadísticas, las empresas deben adoptar un enfoque multicapa. Este incluye almacenamiento seguro, cifrado de datos, controles de acceso y estructuras de seguimiento para detectar intereses no autorizados. Además, las empresas deben cumplir con diversos requisitos legales y normativos relacionados con la protección de datos, como el Reglamento General de Protección de Datos (RGPD) en la Unión Europea o la Ley de Portabilidad y Responsabilidad del Seguro Médico (HIPAA) en Estados Unidos. El incumplimiento de estas políticas puede conllevar multas cuantiosas y perjudicar la reputación del empleador.

Un método de copia de seguridad de datos es un factor esencial para la seguridad de las estadísticas. Implica crear copias de datos cruciales y almacenarlas en un lugar seguro, garantizando así su restauración en caso de fallo de hardware, ciberataque o pérdida accidental. Las técnicas eficaces de copia de seguridad de datos ofrecen a las empresas la tranquilidad de saber que su información está protegida ante imprevistos.

Al diseñar un método de respaldo de datos, hay varios aspectos clave que deben tenerse en cuenta. En primer lugar, las empresas deben seleccionar la información más importante para sus operaciones y asegurarse de actualizarla periódicamente. Esto incluye no solo documentos internos, sino también registros de clientes, información transaccional y configuraciones de dispositivos esenciales para las operaciones diarias de la empresa. Al establecer sistemas de clasificación de datos, las empresas pueden priorizar sus esfuerzos de respaldo según el valor de los datos y el impacto potencial de su pérdida.

Otro aspecto vital de la estrategia de copias de seguridad es la frecuencia y el formato de las mismas. La frecuencia de las copias de seguridad depende de la frecuencia con la que se modifican los datos y del tipo de información que una empresa puede perder en caso de desastre. Por ejemplo, la información con un alto volumen de transacciones, como pedidos de clientes o transacciones financieras, podría requerir copias de seguridad varias veces al día, mientras que la información menos importante podría requerir copias de seguridad diarias o semanales. Además, las empresas deben implementar diferentes tipos de copias de seguridad, como copias completas, incrementales y diferenciales. Las copias completas implican copiar todos los datos, mientras que las incrementales y diferenciales replican las modificaciones realizadas como copia de seguridad final, ahorrando tiempo y espacio de almacenamiento.

Otra consideración es dónde guardar las copias de seguridad. Es fundamental utilizar una combinación de almacenamiento en línea local y externo para lograr redundancia. Las copias de seguridad en línea locales consisten en almacenar copias de datos en dispositivos físicos ubicados dentro de la empresa, como discos duros externos, dispositivos de almacenamiento en red (NAS) o servidores de respaldo dedicados. Estas copias de seguridad son fáciles de acceder, pero son vulnerables a las mismas amenazas físicas, como incendios, robos o inundaciones, que podrían afectar al almacenamiento principal de datos. Las copias de seguridad en línea externas, por otro lado, implican almacenar copias de datos en un lugar especial, generalmente mediante servicios en la nube. Las copias de seguridad en la nube son excelentes porque ofrecen escalabilidad, programación automática de copias de seguridad y acceso remoto. Además de reducir el riesgo de amenazas físicas, las copias de seguridad en la nube permiten a las empresas recuperarse rápidamente de un desastre sin depender de hardware costoso.

Es importante cifrar las estadísticas de las copias de seguridad para garantizar su integridad tanto durante la transmisión como durante el almacenamiento. Sin cifrado, los datos de las copias de seguridad son susceptibles de acceso no autorizado, lo que puede provocar la exposición o el robo de información confidencial. Las organizaciones deben implementar técnicas de cifrado robustas, como el Estándar de

Cifrado Avanzado (AES), para proteger los documentos de las copias de seguridad de los ciberdelincuentes y garantizar el cumplimiento de las normativas de protección de datos. Este cifrado debe extenderse tanto a las copias de seguridad locales como a las de sitios web obsoletos para minimizar el riesgo de filtraciones de datos.

Además, las organizaciones deben garantizar que sus sistemas de respaldo estén bien protegidos contra el acceso no autorizado. Los registros de respaldo deben almacenarse en ubicaciones seguras y protegidas con contraseña, y el acceso al sistema debe restringirse únicamente al personal autorizado. Implementar la autenticación multifactor (MFA) para los sistemas de respaldo puede proporcionar una capa adicional de protección al exigir a los usuarios que autentiquen su identidad mediante varios métodos, como una contraseña y una prueba de huella digital.

Un enfoque integral de seguridad de datos no está completo sin un plan de recuperación ante desastres (DR) y de continuidad de negocio. Estos planes garantizan que, en caso de un incidente de pérdida de datos, como un ciberataque, un desastre natural o un fallo del sistema, una empresa pueda recuperar sus datos cruciales y reanudar sus operaciones lo antes posible. El plan de DR debe definir los procesos para restaurar datos a partir de las copias de seguridad, además de determinar qué copias de seguridad deben restaurarse primero y la secuencia en la que las estructuras y los servicios deben volver a estar en línea.

Además de contar con un plan para restaurar la información, las organizaciones deben realizar pruebas diarias de sus estrategias de recuperación ante desastres. Esto garantiza que la empresa pueda ejecutar su plan de restauración en una situación global real sin enfrentar problemas imprevistos. Las pruebas periódicas también permiten detectar deficiencias en el sistema de copias de seguridad, así como la pérdida de datos debido a copias de seguridad anteriores o a la falta de estructuras que requieren restauración.

Otro aspecto de la continuidad empresarial es la capacitación de los empleados. El personal debe comprender la importancia de la protección de registros y el método de respaldo de la empresa. También deben reconocer sus funciones y responsabilidades en caso de desastre. Contar con empleados bien preparados para responder a incidentes puede reducir el tiempo de recuperación y evitar daños adicionales a la infraestructura de la organización.

Las organizaciones deben garantizar que sus técnicas de seguridad de la información y copias de seguridad cumplan con las directrices aplicables, los requisitos del sector y las prácticas recomendadas. Muchas normativas, como el RGPD o la Ley Sarbanes-Oxley, exigen a las organizaciones mantener la información correcta en sus prácticas de seguridad de datos e implementar medidas de seguridad para la información que manejan. Documentar la estrategia de copias de seguridad, incluyendo los calendarios de copias de seguridad, los métodos de cifrado y las ubicaciones de almacenamiento, es fundamental para el cumplimiento normativo y puede servir como prueba de la debida diligencia en caso de una auditoría.

La documentación también es vital para las funciones internas. Al contar con un plan de copias de seguridad completamente definido, las empresas pueden garantizar que sus equipos de TI sigan enfoques consistentes, lo que facilita la gestión de las copias de seguridad y la restauración de datos si es necesario. Además, conservar registros de las comprobaciones de copias de seguridad y los simulacros de recuperación ante desastres permite a las empresas optimizar su preparación y optimizar sus procesos a lo largo de los años.

Un método bien diseñado de protección y respaldo de registros es fundamental para proteger los registros empresariales vitales contra amenazas de seguridad. Al identificar información clave, implementar copias de seguridad periódicas, proteger la información con cifrado y prepararse para la recuperación ante desastres, las empresas pueden minimizar los riesgos que representan las ciberamenazas y las actividades imprevistas. Un enfoque sólido de seguridad de datos no solo garantiza la continuidad empresarial, sino que también la protege de pérdidas financieras, daños a la reputación y consecuencias legales. A medida que las ciberamenazas continúan aumentando, las agencias deben mantenerse alerta y evaluar continuamente sus prácticas de protección de datos para anticiparse a los riesgos crecientes.

6.3. Capacitación y concientización de los empleados

La formación y la atención de los empleados son pilares fundamentales de un enfoque eficaz en ciberseguridad. Incluso las estructuras de seguridad más avanzadas pueden verse comprometidas si el personal carece de la experiencia o la vigilancia necesarias para cumplir con las buenas prácticas y reconocer las amenazas a la capacidad. En el mundo actual, cada vez más digital e interconectado, las organizaciones deben priorizar la formación integral en ciberseguridad para proteger la información, los sistemas y las redes sensibles. Al dotar a los empleados de las herramientas y la experiencia esenciales, las empresas pueden reducir considerablemente el riesgo de filtraciones de datos, infecciones de malware y otros incidentes de seguridad que podrían surgir debido a errores o negligencias humanas.

Los empleados se consideran frecuentemente la primera línea de defensa en ciberseguridad. Interactúan a diario con las estructuras y redes de la empresa, utilizan el correo electrónico, navegan por internet y acceden a información confidencial. Desafortunadamente, también constituyen el vector de ataque más común para los ciberdelincuentes. Muchos ciberataques se aprovechan de las vulnerabilidades humanas, como la falta de conocimiento sobre ataques de phishing, contraseñas débiles o comportamientos de navegación peligrosos. Por ello, los programas de formación y atención al empleado son cruciales para mantener una sólida estrategia de seguridad.

El personal de una agencia puede introducir vulnerabilidades inadvertidamente si no detecta amenazas a la capacidad u olvida las prácticas de protección de alta calidad. Por ejemplo, el personal podría hacer clic en correos electrónicos de phishing, descargar archivos adjuntos maliciosos o usar contraseñas débiles, todo lo cual podría proporcionar acceso no autorizado a las estructuras corporativas. Por lo tanto, contar con personal capacitado y alerta puede mitigar estos riesgos y reducir la superficie de ataque general.

Un programa de formación para empleados de alto riesgo debe abarcar una amplia gama de temas relevantes para los riesgos específicos de ciberseguridad que enfrenta la empresa. Un enfoque único no suele ser eficaz, por lo que los programas de formación deben adaptarse a las necesidades de los distintos departamentos y puestos de la empresa. Por ejemplo, el personal de TI también puede requerir una formación más intensiva sobre la seguridad de las redes y la identificación de amenazas continuas avanzadas, mientras que el personal no técnico debe centrarse en reconocer los ataques de ingeniería social y seguir las prácticas de seguridad recomendadas.

El software de formación debe diseñarse en torno a objetivos claros y actualizarse periódicamente para reflejar el panorama de amenazas en constante evolución. Las amenazas a la ciberseguridad evolucionan constantemente, por lo que es fundamental dotar al personal de la experiencia y las herramientas modernas para anticiparse a los riesgos potenciales. Las sesiones de formación deben centrarse en escenarios realistas e internacionales a los que los empleados podrían enfrentarse, como la forma de identificar correos electrónicos de phishing, la manipulación eficaz de contraseñas y la gestión segura de datos confidenciales.

Existen numerosos temas clave que todo trabajador, independientemente de su puesto, debería conocer. Estos incluyen:

1. Phishing e ingeniería social: Los ataques de phishing, en los que los ciberdelincuentes se hacen pasar por entidades legítimas para robar información confidencial, son uno de los métodos de ataque más comunes. Capacitar a los empleados para que reconozcan correos electrónicos de phishing, enlaces sospechosos y técnicas engañosas de ingeniería social puede reducir drásticamente la probabilidad de éxito de un ataque.

2. Gestión de contraseñas: Las contraseñas débiles y la reutilización de contraseñas son grandes vulnerabilidades en muchas empresas. Se debe enseñar a los empleados a crear contraseñas seguras y únicas para cada cuenta, así como a usar

gestores de contraseñas para proteger y controlar sus credenciales.

3. Navegación segura en internet: Los empleados deben ser conscientes de los riesgos asociados con las prácticas de navegación arriesgadas, como visitar sitios web no seguros o descargar software no confiable. La capacitación debe enfatizar la importancia de usar sitios web estables y cifrados (indicados mediante "HTTPS") y evitar la descarga de archivos de fuentes desconocidas.

4. Manejo de datos confidenciales: Los empleados deben comprender la importancia de proteger la información confidencial, como la información personal identificable (PII), los registros financieros y los activos de alto valor. La capacitación debe incluir estrategias adecuadas para el manejo de datos, como la transmisión segura de información y la garantía de que la información confidencial no quede expuesta en dispositivos o escritorios compartidos.

5. Seguridad de dispositivos móviles: Con el auge del teletrabajo y el creciente uso de dispositivos móviles en el lugar de trabajo, el personal debe ser consciente de los riesgos de seguridad asociados con el uso de teléfonos inteligentes, tabletas y computadoras portátiles. Esto incluye garantizar que los dispositivos estén cifrados, protegidos con contraseñas seguras y el uso de redes seguras al acceder a recursos de la empresa de forma remota.

6. Reporte de incidentes: Los empleados deben comprender cómo reportar directamente posibles incidentes de seguridad, como correos electrónicos sospechosos o comportamiento inusual de dispositivos. La capacitación debe incluir instrucciones claras sobre cómo documentar los problemas al equipo de TI o de protección, y la importancia de hacerlo de manera oportuna.

7. Cumplimiento y requisitos legales: Dependiendo de la empresa, es posible que los empleados también deban recibir capacitación sobre normativas de cumplimiento específicas, como el Reglamento General de Protección de Datos (RGPD) o la Ley de Portabilidad y Responsabilidad del Seguro Médico (HIPAA). El conocimiento de estos requisitos penales facilita que los empleados reconozcan su responsabilidad de proteger la información privada y sensible.

La capacitación de los empleados no debe ser un evento puntual, sino un proceso continuo. Las campañas periódicas de concienciación sobre ciberseguridad y las sesiones de actualización son vitales para reforzar la importancia de la ciberseguridad y mantener las buenas prácticas de seguridad como prioridad. Estas campañas pueden incluir sesiones trimestrales de capacitación, simulacros de ataques de phishing y comunicaciones continuas mediante correos electrónicos, carteles o boletines informativos.

Un método eficaz consiste en realizar periódicamente simulacros de ciberataques, junto con pruebas de phishing, para evaluar la capacidad del personal para reconocer amenazas. Estos simulacros de ataques proporcionan información valiosa sobre áreas en las que los empleados podrían necesitar formación adicional y ofrecen la posibilidad de aprender en un entorno controlado.

Las organizaciones también pueden utilizar la gamificación y las actividades físicas interactivas para involucrar a los empleados dentro del sistema de aprendizaje. Por ejemplo, los cuestionarios de atención sobre ciberseguridad, los desafíos de seguridad o las simulaciones interactivas pueden hacer que el aprendizaje de las prácticas de protección sea más atractivo y relevante. El objetivo es integrar la ciberseguridad en el estilo de vida organizacional para que los empleados estén siempre alerta y vigilantes.

El liderazgo desempeña un papel vital en el fomento de una cultura centrada en la ciberseguridad. Los altos ejecutivos y jefes deben dar ejemplo, aplicando buenas prácticas de ciberseguridad y animando a sus equipos a hacer lo mismo. Cuando el personal percibe que la ciberseguridad es una preocupación para la dirección de la empresa, es mucho más probable que se tome el asunto en serio y cumpla con los protocolos de seguridad establecidos.

Además, la gerencia debe asignar recursos adecuados para guiar las tareas de educación en ciberseguridad. Esto incluye la financiación de programas, herramientas y tecnologías de capacitación que ayuden a los empleados a mantenerse informados y estables. Invertir en la capacitación de los empleados no solo ayuda a proteger a la organización de las ciberamenazas, sino que también mejora la moral y la confianza de los empleados, ya que los miembros del equipo se sienten capacitados para tomar decisiones de seguridad informadas.

Para garantizar la eficacia de la capacitación, las agencias deben optimizar y medir su cumplimiento. Esto se puede lograr mediante la lectura de métricas como los índices de participación de los empleados, la cantidad de incidentes sugeridos, el éxito de las pruebas de phishing y las mejoras en la estrategia de protección general. La retroalimentación del personal también puede proporcionar información valiosa sobre la eficacia del contenido educativo y las técnicas de impartición.

Se pueden utilizar pruebas periódicas, junto con cuestionarios o simulacros de asalto, para medir la retención de conocimientos y detectar las áreas que requieren mayor atención. Al evaluar continuamente el programa de formación, las empresas pueden adaptar y perfeccionar su técnica para anticiparse a las amenazas emergentes y mantener un equipo de trabajadores capacitado para afrontar situaciones exigentes de ciberseguridad.

La capacitación y el reconocimiento de los empleados son componentes vitales de cualquier método eficaz de ciberseguridad. Al capacitar a los empleados sobre cómo detectar amenazas, cumplir con las mejores prácticas y responder a incidentes, las empresas pueden reducir significativamente el riesgo de filtraciones de información, ciberataques y otros incidentes de seguridad. Ante la creciente complejidad de las ciberamenazas, es fundamental que las empresas fomenten un estilo de vida de ciberseguridad que trascienda los departamentos de TI y se impregne en todos los aspectos de la empresa. Al invertir en programas integrales de capacitación y enfoque, las empresas pueden desarrollar un equipo resiliente que desempeñe un papel activo en la protección de los activos digitales de la empresa.

6.4. Seguridad de la red de la oficina

La protección de la red de la oficina es fundamental para mantener un lugar de trabajo seguro y ecológico. La red de la oficina es la columna vertebral de la mayoría de las empresas, facilitando la comunicación, la colaboración y el acceso a información esencial. Sin embargo, una red que no esté bien protegida puede convertirse en un objetivo prioritario para los ciberdelincuentes, lo que provoca filtraciones de datos, robos de activos de alto nivel y otros incidentes de seguridad críticos. Dado que las empresas siguen dependiendo de las estructuras digitales, la importancia de proteger la red de la oficina es fundamental.

Una comunidad laboral estable garantiza que todos los dispositivos, estructuras e información de la empresa estén protegidos contra amenazas externas e internas. La red proporciona a los empleados el equipo necesario para realizar su trabajo, a la vez que constituye una vía de acceso para actores maliciosos que buscan explotar vulnerabilidades. Por lo tanto, mantener un sistema de seguridad de red sólido es vital para proteger la información confidencial y garantizar el buen funcionamiento de la empresa.

En esencia, la seguridad de la comunidad se refiere a las medidas adoptadas para proteger la integridad, la confidencialidad y la accesibilidad de la red laboral contra el acceso no autorizado, los ataques y el uso indebido. La red incluye numerosos componentes, como enrutadores, conmutadores, cortafuegos y puntos finales (ordenadores, dispositivos móviles, impresoras, etc.), todos los cuales deben protegerse para evitar infracciones.

En un entorno laboral, los empleados se conectan con la comunidad mediante diversos dispositivos, que pueden ser puntos de acceso vulnerables si no están bien protegidos. Sin las medidas de seguridad de red adecuadas, los hackers pueden aprovechar las vulnerabilidades de la infraestructura de la comunidad para infiltrarse en el sistema, robar información confidencial, interrumpir las operaciones comerciales o propagar malware. Por lo tanto, los equipos deben implementar una estrategia de protección por capas para defenderse de la amplia gama de ciberamenazas que se concentran en las redes laborales.

Para garantizar un alto nivel de protección de la red en la oficina, es fundamental reconocer diversas áreas clave. Estas áreas, al abordarse integralmente, trabajan en conjunto para crear una defensa sólida contra amenazas internas y externas:

1. Cortafuegos: Los cortafuegos actúan como una barrera entre la comunidad interna y el exterior, monitorizando y controlando el tráfico entrante y saliente. Al filtrar los intentos de acceso no autorizado, los cortafuegos ayudan a impedir que los ciberdelincuentes accedan a la red. Las empresas deben instalar cortafuegos tanto de hardware como de software para garantizar una seguridad robusta. Los cortafuegos correctamente configurados pueden bloquear direcciones IP maliciosas, restringir servicios innecesarios y detectar patrones de tráfico inusuales que podrían implicar un ataque potencial.

2. Cifrado: El cifrado es una herramienta poderosa para proteger la información confidencial, ya que esta viaja por la red. Al convertir la información en código ilegible, el cifrado garantiza que, aunque los atacantes intercepten la información, esta no pueda ser accedida ni comprendida. Cifrar información confidencial, como contraseñas, datos financieros e información de los empleados, es vital para mantener la confidencialidad y prevenir filtraciones de datos.

3. Segmentación de la red: La segmentación de la red implica dividir la comunidad del lugar de trabajo en segmentos más pequeños y aislados. Esta técnica ayuda a contener las

amenazas de capacidad en áreas específicas de la red, impidiendo que los atacantes accedan a todo el sistema si un segmento se ve comprometido. Por ejemplo, las estructuras financieras sensibles o las bases de datos de RR. HH. pueden ubicarse en una fase de red separada, limitando la exposición a otras áreas menos estables. Esto permite reducir el impacto general de una brecha de seguridad y complementa la capacidad de integrar amenazas.

4. Control de acceso: Limitar el acceso a la comunidad es una medida de protección esencial. Implementar normas estrictas de control de acceso garantiza que solo el personal autorizado pueda acceder a información confidencial y estructuras importantes. Esto se puede lograr mediante una combinación de estrategias de autenticación, como contraseñas robustas, autenticación multicomponente (MFA) y controles de acceso basados en la posición (RBAC). Al asignar niveles de acceso exclusivos a los empleados según sus roles y funciones, los equipos pueden minimizar el riesgo de acceso no autorizado a información confidencial.

5. Sistemas de Detección y Prevención de Intrusiones (IDPS): Los sistemas de detección de intrusiones (IDS) analizan el tráfico de red en busca de actividades sospechosas, como patrones de datos inusuales o intentos de acceso no autorizado. Los sistemas de prevención de intrusiones (IPS), por otro lado, van un paso más allá al bloquear activamente actividades maliciosas en tiempo real. Juntos, estos sistemas

ofrecen una potente capa de protección contra ataques como ataques de denegación de servicio (DoS), infecciones de malware y exfiltración de datos.

6. Redes Privadas Virtuales (VPN): Las VPN desempeñan un papel importante para proteger el acceso remoto a la red del lugar de trabajo. Los empleados que trabajan de forma remota o viajan pueden usar VPN para establecer una conexión estable a la red corporativa a través de internet. Al cifrar el tráfico del sitio web y ocultar la dirección IP del usuario, las VPN ayudan a proteger la información confidencial de escuchas e interceptaciones. Las empresas deben asegurarse de que los empleados estén obligados a usar VPN al acceder a la red de la oficina de forma remota para mantener la seguridad y la privacidad.

7. Actualizaciones periódicas de software y gestión de parches: Uno de los métodos más prácticos para proteger la red laboral de las vulnerabilidades es asegurarse de que todo el software, incluyendo sistemas operativos, programas y dispositivos de red, se actualice periódicamente con los nuevos parches de seguridad. Los ciberdelincuentes suelen explotar vulnerabilidades conocidas en software antiguo para obtener acceso no autorizado. Una sólida política de gestión de parches ayuda a garantizar que todos los sistemas estén actualizados y protegidos contra amenazas reconocidas.

8. Seguridad de endpoints: En los entornos de oficina actuales, el personal utiliza una amplia variedad de dispositivos

para acceder a la red, como computadoras portátiles, smartphones y tabletas. Cada uno de estos endpoints representa un punto de acceso a la capacidad para los ciberdelincuentes. Por lo tanto, es fundamental implementar soluciones de seguridad de endpoints que protejan los dispositivos contra malware, ransomware y otros tipos de ciberataques. El software de protección de endpoints puede detectar y bloquear la actividad maliciosa en estos dispositivos, proporcionando una capa adicional de seguridad.

Además de las medidas técnicas mencionadas anteriormente, existen numerosas prácticas excelentes que las empresas deben seguir para garantizar la seguridad continua de la comunidad:

1. Monitoreo del tráfico de red: El monitoreo continuo del tráfico de la red es esencial para identificar amenazas y anomalías de capacidad. Al analizar los registros de la red y los patrones de tráfico, los equipos de seguridad pueden detectar los primeros síntomas de ciberataques, como intentos de inicio de sesión inusuales, transferencias de datos o dispositivos no autorizados que se conectan a la red. El monitoreo regular permite a las empresas tomar medidas antes de que un ataque se propague.

2. Capacitación de usuarios: Los empleados desempeñan un papel fundamental en la seguridad de la comunidad. Incluso con medidas técnicas avanzadas, los errores humanos pueden causar brechas de seguridad. Brindar a los empleados

capacitación en ciberseguridad puede ayudarles a reconocer amenazas como correos electrónicos de phishing, procedimientos de ingeniería social y hábitos de navegación peligrosos. Un equipo de trabajadores bien informados tiene menos probabilidades de cometer errores que puedan poner en peligro la seguridad de la comunidad.

3. Planificación de Respuesta a Incidentes: A pesar de los grandes esfuerzos por estabilizar la red, siempre es posible que se produzca un ciberataque. Por eso es vital que las empresas cuenten con un plan de respuesta a incidentes. Este plan debe definir las medidas a tomar en caso de una brecha de seguridad, como la forma de contener el ataque, notificar a las partes afectadas y reparar las operaciones diarias. Los simulacros y eventos deportivos regulares pueden ayudar a garantizar que el plan de respuesta sea eficaz y que los empleados sepan qué hacer durante un incidente de seguridad.

4. Copias de seguridad y recuperación: Las redes de oficina deben ser respaldadas con frecuencia para garantizar que no se pierdan datos importantes en caso de un ciberataque o fallo del sistema. Estas copias de seguridad deben almacenarse de forma segura y estar fácilmente disponibles en caso de emergencia. Un sistema sólido de copias de seguridad y recuperación puede ayudar a la empresa a recuperarse rápidamente de un ataque de ransomware, un fallo del sistema o una filtración de datos.

Proteger la comunidad laboral es uno de los aspectos más esenciales de la ciberseguridad en el mundo interconectado actual. Con tantos empleados que dependen de la red para sus tareas diarias, los equipos deben implementar un enfoque integral que incluya sólidas defensas técnicas, capacitación continua de los trabajadores y estrategias claras para responder a las amenazas. Al adoptar una estrategia proactiva para la protección de la red, las empresas pueden proteger sus estructuras importantes, registros confidenciales y activos intelectuales de los ciberdelincuentes. A medida que el panorama virtual continúa adaptándose, las empresas deben mantenerse alerta y evaluar y mejorar constantemente sus medidas de seguridad de red para anticiparse a las crecientes amenazas.

Containment · Eradication · Recovery

CAPÍTULO 7

Detección y respuesta a ciberataques

7.1. Reconocer ciberataques

Los ciberataques se han vuelto cada vez más sofisticados y se centran en personas, grupos y gobiernos por igual. El primer paso para defenderse de estos ataques es reconocerlos en cuanto surgen. La detección temprana es esencial, ya que permite una reacción rápida, minimizando o deteniendo los daños. Los ciberdelincuentes suelen actuar de forma sigilosa, utilizando diversas técnicas para infiltrarse en los sistemas y robar información. Reconocer los ciberataques a tiempo puede marcar la diferencia entre contener una brecha de seguridad o sufrir daños importantes.

combatir eficazmente los ciberataques, es crucial implementar un enfoque integral de ciberseguridad. No se trata solo de reconocer actividades maliciosas, sino también de distinguir entre el comportamiento normal del dispositivo y las anomalías que podrían indicar un ataque. La detección desempeña un papel vital en la estrategia de seguridad estándar, ya que permite a una empresa identificar las amenazas antes de que se intensifiquen.

Uno de los síntomas más comunes de un ciberataque es el tráfico inusual en la red. Si se produce un aumento repentino del tráfico, principalmente fuera del horario laboral o sin un propósito válido, puede indicar que un atacante está intentando extraer datos o lanzar un ataque de denegación de servicio (DoS). Por el contrario, una caída repentina del tráfico también puede indicar que se ha infiltrado malware en el dispositivo y que está ralentizando las operaciones o manipulando los datos. El seguimiento regular de picos o caídas de tráfico inusuales puede ayudar a detectar posibles amenazas con antelación.

Los intentos de inicio de sesión sospechosos son otro indicador vital de un ciberataque. Los ciberdelincuentes suelen empezar intentando obtener acceso no autorizado a un dispositivo. Esto se puede detectar mediante anomalías como un par de intentos fallidos de inicio de sesión, inicios de sesión desde ubicaciones inesperadas o inicios de sesión a horas inusuales. Estas actividades suelen ser los primeros pasos para acceder a un dispositivo, siendo los ataques de fuerza bruta un método común para descifrar contraseñas. Las organizaciones deben supervisar de cerca la actividad de inicio de sesión para detectar estos patrones y tomar medidas correctivas antes de que se produzcan daños mayores.

Las ralentizaciones o caídas del sistema también pueden ser señal de un ciberataque. Cuando un atacante se infiltra con éxito en una red, introduce malware que se ejecuta en segundo plano, sobrecargando los recursos del sistema o causando interrupciones. En el caso de los ataques de ransomware, las estructuras también pueden dejar de responder, los archivos pueden bloquearse o los datos pueden volverse inaccesibles. Cuando estos síntomas ocurren sin una explicación clara, deben iniciar una investigación más profunda sobre las brechas de seguridad.

Los cambios en los permisos de los documentos o la ausencia de archivos también pueden indicar actividades maliciosas. Los ciberdelincuentes suelen modificar los permisos de los documentos para obtener acceso no autorizado a información confidencial o incluso pueden eliminar documentos críticos como parte de un ataque mayor. El ransomware, por ejemplo, suele bloquear documentos o hacerlos inaccesibles hasta que se paga un rescate. Un cambio repentino en el acceso a los datos o la desaparición de documentos importantes debería aumentar de inmediato las señales de alerta. Es fundamental supervisar y estabilizar la integridad de los archivos para detectar este tipo de ataques de forma temprana.

Los pop-states inusuales o software no deseado suelen ser indicios de infecciones de malware. Esto puede incluir spyware, adware o virus que se ejecutan silenciosamente en el sistema, recopilando información confidencial o realizando operaciones adversas del sistema. Si los usuarios comienzan a experimentar pop-states o su dispositivo empieza a ejecutar software inusual, podría indicar un ciberataque en curso. Mantener el software actualizado y realizar análisis regulares en busca de malware es una excelente manera de detectar este tipo de amenazas de forma temprana.

El tráfico saliente inesperado es otra señal común de un ciberataque. Los atacantes suelen intentar extraer datos de la red de la víctima. Esto suele lograrse enviando información robada a una región remota. Si se produce un aumento repentino del tráfico saliente a direcciones IP o servidores inesperados, puede indicar que se están transfiriendo datos maliciosamente. Al monitorear la actividad de la red y rastrear transferencias de datos inusuales, las empresas pueden identificar rápidamente el acceso no autorizado y evitar la exfiltración de datos.

Los reinicios o apagados inesperados del sistema a veces pueden indicar la presencia de malware. Las estructuras afectadas pueden reiniciarse o apagarse sin previo aviso, una táctica que suelen utilizar los ciberdelincuentes para evitar ser detectados. El malware también puede provocar reinicios para eludir las funciones de seguridad o interrumpir el funcionamiento del dispositivo. Si estas interrupciones se manifiestan con frecuencia sin una causa aparente, podrían indicar una amenaza oculta.

Las credenciales o puntos de acceso comprometidos son otra vía de entrada común para los ciberataques. Cuando los atacantes obtienen acceso a las credenciales de los usuarios, pueden infiltrarse fácilmente en los sistemas y circular sin ser detectados. El uso no autorizado de credenciales es una clara señal de que se está produciendo un ataque. El inicio de sesión inexplicable desde dispositivos o ubicaciones desconocidos, especialmente cuando se trata de las credenciales de un usuario legítimo, debería impulsar la acción inmediata para proteger el dispositivo y limitar los daños a la capacidad.

Los ciberataques varían ampliamente en forma y complejidad, pero detectar las señales habituales puede aumentar notablemente las posibilidades de detección. El phishing, por ejemplo, consiste en engañar a los usuarios para que revelen información confidencial mediante correos electrónicos, sitios web o llamadas telefónicas falsos. Estos ataques pueden diagnosticarse mediante correos electrónicos inesperados o solicitudes de información privada de fuentes desconocidas. El ransomware, por otro lado, bloquea archivos y exige un pago para su liberación. Los indicadores incluyen un rendimiento lento, la imposibilidad de acceder a los documentos y la aparición de notas de rescate en la pantalla. Es fundamental comprender los síntomas de estos ataques lo antes posible para minimizar su impacto.

Los ataques de denegación de operador (DoS) son otra amenaza común. Estos ataques inundan una máquina o red con tráfico, volviéndola lenta o completamente inaccesible para usuarios legítimos. Monitorear el tráfico de la red para detectar picos repentinos de actividad puede ayudar a detectar un ataque DoS con antelación. Un ataque de intermediario (MitM), en el que un atacante intercepta y altera las comunicaciones, también puede representar una amenaza grave. La detección puede ser difícil, pero monitorear los protocolos de cifrado y comunicación puede ayudar a identificar este tipo de ataques.

Las amenazas crónicas avanzadas (APT) son ciberataques focalizados y de larga duración diseñados para robar información confidencial durante periodos prolongados. Estos ataques son más difíciles de localizar debido a su evolución gradual y a menudo emplean técnicas sofisticadas para evadir las herramientas de detección convencionales. Los indicadores también pueden incluir actividad inusual en la red, transferencias de datos inexplicables o cambios en la configuración del sistema. Estar atento a estos cambios sutiles puede ayudar a detectar las APT antes de que causen daños irreversibles.

Para detectar ciberataques eficazmente, las empresas deben contratar diversos equipos y tecnologías. Los sistemas de detección de intrusiones (IDS) analizan el tráfico de la red en busca de actividades sospechosas y alertan a los equipos de seguridad sobre posibles amenazas. Datos de seguridad. Las estructuras de control de eventos y seguridad (SIEM) combinan y analizan la información de protección de varios activos, ofreciendo alertas en tiempo real al detectarse amenazas a la capacidad. Los equipos de detección y respuesta de endpoints (EDR) monitorean dispositivos individuales, como computadoras portátiles y teléfonos móviles, para detectar indicios de malware o acceso no autorizado. Los equipos de análisis de tráfico de red pueden detectar patrones inusuales que podrían indicar un ataque, y las estructuras de inteligencia de riesgos pueden proporcionar información actualizada sobre amenazas emergentes y estrategias de ataque.

Reconocer los ciberataques de forma temprana permite a las empresas mitigar los daños y tomar medidas para proteger la información confidencial. La monitorización regular del tráfico de la red, el uso de dispositivos y el comportamiento de los usuarios, junto con el uso de equipos de detección adecuados, son técnicas cruciales para identificar las amenazas antes de que se desarrollen. Implementar un enfoque proactivo en ciberseguridad, con vigilancia constante y formación continua de los empleados, mejorará considerablemente la capacidad de una empresa para detectar y responder a los ciberataques de forma rápida y eficaz.

7.2 Gestión e investigación de incidentes

El control y la investigación de incidentes son componentes cruciales de un método eficaz de ciberseguridad. Cuando se produce un ciberataque, es fundamental que las empresas respondan con rapidez y eficacia para limitar los daños, recuperarse rápidamente y prevenir incidentes futuros. Gestionar adecuadamente los incidentes requiere un enfoque estructurado, una coordinación eficaz y una investigación exhaustiva para identificar el motivo, el alcance y el impacto del ataque. El objetivo no es solo resolver el incidente, sino también obtener información que respalde la estrategia general de ciberseguridad de la empresa.

El primer paso en la gestión de incidentes es detectar el incidente en sí, como se mencionó anteriormente. Una vez detectado un ataque, es fundamental seguir un plan de respuesta a incidentes (PRI) bien definido para guiar a la organización en el proceso de contención, erradicación y recuperación. El plan de respuesta a incidentes debe definir las funciones y responsabilidades de los miembros del equipo, las estrategias de escalamiento y los pasos clave para mitigar el daño.

Una respuesta eficaz a incidentes comienza con la creación de un Equipo de Respuesta a Incidentes (ERI) capacitado y preparado para responder con rapidez ante cualquier brecha de seguridad. El ERI suele estar compuesto por personas de diversos departamentos, como TI, prisiones, comunicaciones y control, lo que garantiza una respuesta multifacética. La posición de cada miembro del equipo debe describirse con precisión para garantizar que se incluyan todos los aspectos del incidente. Por ejemplo, el personal de TI podría ser responsable de identificar el vector de ataque y contener la brecha de seguridad, mientras que los equipos de delitos y cumplimiento también podrían encargarse de los requisitos de notificación y de garantizar que la empresa cumpla con la legislación aplicable.

El grupo también debe estar compuesto por investigadores cualificados capaces de examinar el ataque, identificar su origen y comprender sus mecanismos. Estos investigadores deben ser competentes en el uso de herramientas y técnicas forenses que les permitan rastrear el ataque, recopilar pruebas y reconstruir las actividades que provocaron la brecha. Aquí es donde comienza la investigación del incidente.

La primera prioridad al identificar un incidente es contenerlo. La contención implica evitar que el ataque se propague, minimizar el daño e impedir que el atacante continúe con sus actividades. Por ejemplo, si se detecta un ataque de ransomware, los sistemas afectados pueden desconectarse de la red para evitar que el malware se propague a otros. De igual manera, si hay un intruso en la red, aislar los dispositivos comprometidos puede impedir que el atacante acceda a recursos más importantes.

Las estrategias de contención pueden variar según la naturaleza del ataque. En algunos casos, la contención inmediata es importante para evitar la exfiltración de datos o daños a los dispositivos. En otros, puede ser necesario monitorear las acciones del atacante durante un tiempo para obtener información antes de implementar las técnicas de contención.

Tras la contención, el siguiente paso es eliminar la amenaza del entorno. Esto puede incluir la eliminación de malware, la eliminación de vulnerabilidades y la garantía de que los atacantes no tengan acceso a la red empresarial. Por ejemplo, si el ataque implicó el uso de credenciales robadas, la empresa podría necesitar restablecer contraseñas, desactivar facturas e implementar nuevas funciones de seguridad para prevenir infracciones similares. Una vez eliminada la amenaza, comienza la fase de recuperación. Esta fase incluye la restauración de los sistemas, aplicaciones y archivos afectados a partir de las copias de seguridad, además de verificar la integridad de los sistemas recuperados.

El proceso de recuperación puede tardar varios días o incluso semanas, dependiendo de la gravedad del incidente. En algunos casos, las agencias podrían necesitar reconstruir sistemas completos o reconfigurar su infraestructura para garantizar que el ataque se haya mitigado por completo. Durante la fase de recuperación, es fundamental monitorear la comunidad para detectar cualquier síntoma de amenazas crónicas o recontaminación.

Una vez contenido el riesgo inmediato y restaurados los sistemas, el siguiente paso crucial es realizar una investigación exhaustiva y un análisis posterior al incidente. Esta fase implica recopilar y analizar pruebas para comprender cómo ocurrió el ataque, cómo se desarrolló y qué impacto tuvo en la organización. Los investigadores examinarán los registros del sistema, el tráfico de la red y cualquier artefacto dejado por los atacantes para elaborar una cronología del ataque.

Uno de los objetivos principales de la investigación posterior a un incidente es determinar la causa raíz de la brecha. ¿Aprovechó el atacante una vulnerabilidad? ¿Se utilizaron técnicas de ingeniería social para obtener acceso? ¿La estrategia de seguridad de la empresa fue suficiente para prevenir el ataque? Al responder estas preguntas, las agencias pueden obtener información valiosa que ayude a prevenir incidentes similares en el futuro.

Además de determinar el motivo de la filtración, los investigadores pueden incluso examinar el impacto del ataque. ¿Cuántos datos se vieron comprometidos o robados? ¿Qué sistemas se vieron afectados? ¿Hubo pérdidas económicas o daños a la reputación? Las respuestas a estas preguntas son cruciales para comprender el alcance general del ataque y determinar la respuesta precisa.

Durante esta etapa, las organizaciones también deben realizar una evaluación de riesgos para evaluar la probabilidad de que ocurran ataques similares en el futuro. Esta evaluación guiará las futuras inversiones en ciberseguridad, como la adopción de tecnología reciente, protocolos de seguridad actualizados y una mejor capacitación del personal.

Una comunicación clara y oportuna es fundamental para el control de incidentes. Internamente, el equipo de respuesta a incidentes debe ofrecer actualizaciones periódicas a las partes interesadas clave, como la gerencia, los equipos de control penal y de cumplimiento. Externamente, la empresa podría estar obligada a notificar a los organismos reguladores, clientes u otras partes afectadas, dependiendo de la naturaleza de la infracción. Esto es especialmente importante cuando se trata de información confidencial, como información personal identificable (PII) o registros financieros.

Además de cumplir con los requisitos legales y regulatorios, una comunicación transparente puede ayudar a mantener la confianza de los clientes y el público. Las organizaciones deben estar preparadas para proporcionar información sobre la brecha de seguridad, las medidas adoptadas para mitigar el impacto y las medidas que se están implementando para prevenir futuros incidentes.

Finalmente, una vez finalizada la investigación, la empresa debe aplicar las instrucciones aprendidas del incidente para mejorar su estrategia general de ciberseguridad. La información obtenida de la investigación debe utilizarse para actualizar el plan de respuesta ante incidentes, optimizar la formación de los empleados, corregir vulnerabilidades y mejorar los sistemas de seguimiento. Las organizaciones también deben realizar simulacros y eventos deportivos de mesa para garantizar la eficacia de sus planes de respuesta ante incidentes y que sus equipos estén preparados para responder de forma imprevista ante futuros incidentes.

Un aspecto esencial del control de incidentes es la idea de la mejora continua. Las amenazas a la ciberseguridad evolucionan constantemente, al igual que los mecanismos de defensa de una empresa. Al estudiar más allá de los incidentes, aprender de ellos e implementar cambios, las agencias pueden anticiparse a las amenazas emergentes y reducir su vulnerabilidad ante futuros ataques.

Las investigaciones de incidentes suelen requerir el uso de equipos forenses especializados para recopilar, mantener y analizar pruebas. Estas herramientas permiten a los investigadores examinar registros de máquinas, tráfico de la red, volcados de memoria y otras fuentes de información para comprender cómo se propagó un ataque. Algunos equipos forenses comunes incluyen software de imágenes de disco, analizadores de tráfico de la red y herramientas de análisis de registros. La informática forense es un tema complejo, y los investigadores deben seguir tácticas establecidas para garantizar que las pruebas se gestionen adecuadamente y sean admisibles en casos judiciales penales.

El objetivo de la investigación forense es comprender cómo se cometió el ataque, rastrear las acciones del atacante y recopilar evidencia que pueda utilizarse para acciones criminales si es necesario. Por ejemplo, los investigadores forenses también pueden observar muestras de malware para determinar cómo se implementaron o usar registros para rastrear las acciones del atacante dentro de la comunidad. Estas estadísticas pueden proporcionar información valiosa sobre las tácticas, estrategias y métodos (TTP) del atacante, lo cual puede utilizarse para reforzar futuras defensas.

7.3 Estrategias de defensa contra ciberataques

En el panorama en constante evolución de la ciberseguridad, la defensa contra ciberataques requiere una estrategia proactiva y estratificada. A medida que aumentan la complejidad y la frecuencia de las ciberamenazas, las agencias deben ampliar las técnicas de defensa integrales que no solo se centran en prevenir los ataques, sino que también permiten una rápida detección, contención y recuperación. Una estrategia de defensa sólida combina múltiples equipos, técnicas y regulaciones para proteger activos vitales, mantener la continuidad operativa y mitigar los riesgos que plantean las ciberamenazas. Las siguientes estrategias de defensa son componentes clave de una estrategia eficaz de ciberseguridad.

Uno de los estándares más fundamentales en la protección de la ciberseguridad es el concepto de "defensa intensiva". Este enfoque implica la implementación de varias capas de seguridad para proteger datos, sistemas y redes. En lugar de depender de un único mecanismo de protección, la protección intensiva garantiza que, si una capa se ve comprometida, las demás seguirán activas para evitar daños mayores.

Las capas clave de este método incluyen la protección de la comunidad, la seguridad de endpoints, la protección de software, el cifrado de datos y la monitorización de la protección. Cada capa cumple una función específica, desde bloquear el acceso no autorizado hasta detectar actividades inusuales. Por ejemplo, los firewalls y los sistemas de prevención de intrusiones (IPS) pueden proteger el perímetro de la red, mientras que el software de protección de endpoints puede proteger los dispositivos de los usuarios. Además, el cifrado puede proteger la información confidencial, incluso si es interceptada. Al implementar defensas en capas, las empresas aumentan las posibilidades de detectar y mitigar ataques en múltiples etapas.

Los endpoints, como portátiles, smartphones y otros dispositivos similares, suelen ser las puertas de entrada más vulnerables a los ciberataques. Los atacantes suelen aprovechar la vulnerabilidad o la obsolescencia de la seguridad de los endpoints para acceder a las redes corporativas. Para protegerse, las empresas deben implementar estrategias sólidas de seguridad de endpoints que se centren en la protección de dispositivos, programas y datos.

Los equipos de protección de endpoints, junto con software antivirus, soluciones de detección y respuesta de endpoints (EDR) y sistemas de gestión de dispositivos móviles (MDM), pueden ayudar a prevenir, detectar y responder a amenazas en dispositivos de usuario. Estas herramientas ofrecen funciones como monitoreo en tiempo real, detección de malware y análisis de comportamiento, que pueden identificar rápidamente actividades sospechosas. Además, las agencias deben implementar estrictas regulaciones de gestión de dispositivos, incluyendo la garantía de que todos los dispositivos cuenten con los parches correspondientes y de que solo se instale software autorizado.

de software regulares son vitales para preservar la seguridad de los endpoints. Los atacantes suelen aprovechar al máximo las vulnerabilidades del software antiguo, por lo que la aplicación oportuna de parches es un importante método de defensa. Al automatizar la gestión de parches y garantizar que todos los endpoints estén actualizados, las organizaciones pueden reducir el riesgo de explotación a través de vulnerabilidades reconocidas.

La segmentación de red es un método que implica dividir una red en segmentos más pequeños y aislados. Esta técnica limita el movimiento lateral de los atacantes dentro de la red. Por ejemplo, si un atacante accede a una parte de la red, la segmentación de red garantiza que no pueda atravesar fácilmente toda la infraestructura para acceder a otros sistemas o información confidencial.

Una segmentación eficaz debe incluir el uso de firewalls, redes LAN virtuales (VLAN) y listas de control de acceso (ACL) para restringir la comunicación entre segmentos específicos de la red. Además, las organizaciones deben implementar regulaciones estrictas de control de acceso para garantizar que solo los usuarios autorizados puedan acceder a recursos confidenciales. Esto se puede lograr mediante técnicas como el control de acceso basado en la ubicación (RBAC), la autenticación multifactor (MFA) y el principio de mínimo privilegio.

Al restringir el acceso a áreas sensibles de la red, las agencias pueden reducir el impacto potencial de un ataque y hacer que sea más difícil para los atacantes ampliar privilegios y moverse lateralmente dentro del dispositivo.

Una defensa eficaz contra ciberataques requiere una vigilancia constante. Los ciberdelincuentes son cada vez más avanzados y las amenazas pueden surgir en cualquier momento. Para anticiparse a los atacantes, las empresas necesitan implementar sistemas de seguimiento continuo y detección de riesgos que puedan descubrir actividades maliciosas en tiempo real.

Los sistemas de Gestión de Información y Eventos de Seguridad (SIEM) desempeñan un papel fundamental en la detección de riesgos. Estos sistemas recopilan y analizan datos de diversas fuentes, como dispositivos de la comunidad, endpoints y herramientas de seguridad, para identificar patrones que puedan indicar un ciberataque. Estas estructuras utilizan técnicas de correlación y aprendizaje automático para detectar anomalías, intrusiones de capacidad y amenazas emergentes.

La detección de amenazas es otro método proactivo que implica la búsqueda activa de indicios de vulnerabilidad antes de que activen una alerta. Los equipos de seguridad utilizan inteligencia de riesgos, análisis estadístico y estrategias de detección avanzadas para descubrir amenazas ocultas y actividades sospechosas dentro de la red. Al adelantarse a los ciberdelincuentes, las empresas pueden detectar y neutralizar rápidamente las amenazas antes de que causen daños considerables.

Ninguna estrategia de defensa está completa sin un sólido plan de copias de seguridad y recuperación ante desastres. Los ciberataques, especialmente el ransomware, suelen implicar el cifrado o la destrucción de datos cruciales, lo que convierte las copias de seguridad en un mecanismo de defensa vital. Al realizar copias de seguridad de los registros con frecuencia y garantizar que se almacenen de forma segura, las empresas pueden reparar rápidamente los datos perdidos en caso de un ataque.

Las estrategias de respaldo deben incluir almacenamiento tanto local como externo, con copias de seguridad externas almacenadas en un entorno seguro en la nube o en una ubicación remota. Además, las copias de seguridad deben estar cifradas para evitar que los atacantes comprometan la información de las copias. Un plan completo de recuperación ante desastres debe definir los pasos necesarios para reparar las estructuras y los datos, minimizando el tiempo de inactividad y garantizando la continuidad del negocio.

Probar el sistema de recuperación es igualmente crucial. Realizar simulacros de recuperación con regularidad garantiza que el empleador pueda responder de forma eficiente y eficaz ante un ataque. Estos simulacros deben simular situaciones reales para probar los sistemas de respaldo, los tiempos de recuperación y la coordinación entre equipos.

La autenticación multicomponente (MFA) es una de las técnicas de defensa más sencillas contra ciberataques, especialmente aquellos relacionados con el robo de credenciales. La MFA exige que los clientes proporcionen dos o más tipos de identificación, como una contraseña, una huella dactilar o un código de un solo uso enviado a un dispositivo móvil, antes de poder acceder a un dispositivo o software. Esta capa adicional de protección dificulta considerablemente que los atacantes obtengan acceso no autorizado, incluso si han comprometido la contraseña de un usuario.

Las estructuras de Gestión de Identidad y Acceso (IAM) ayudan a las agencias a controlar las identidades de los consumidores e implementar normas de seguridad. Las soluciones IAM garantizan que los usuarios tengan acceso adecuado a las estructuras y los registros, según sus roles y obligaciones. Al implementar protocolos de autenticación estrictos, como MFA e IAM, las organizaciones pueden reducir sustancialmente el riesgo de acceso no autorizado y de vulneraciones de datos.

Los empleados suelen ser el punto más débil de las defensas de ciberseguridad de una empresa. Muchos ciberataques, como el phishing y la ingeniería social, se aprovechan de errores humanos en lugar de vulnerabilidades técnicas. Por lo tanto, capacitar a los empleados sobre buenas prácticas de ciberseguridad y concientizarlos sobre los métodos de ataque comunes es fundamental para prevenir los ataques.

Las organizaciones deben implementar programas regulares de capacitación en ciberseguridad que capaciten al personal en temas como la identificación de correos electrónicos de phishing, la prevención de enlaces sospechosos y la seguridad de dispositivos personales. Además, los empleados deben recibir capacitación para detectar y documentar cualquier actividad inusual o amenaza a la seguridad de las habilidades. Los programas de concientización en seguridad deben actualizarse periódicamente para reflejar las nuevas amenazas y tendencias en ciberseguridad.

Las amenazas a la ciberseguridad no se limitan a empresas individuales; afectan a industrias y sectores completos. Por lo tanto, compartir información sobre riesgos y colaborar con otras empresas, corporaciones y organismos gubernamentales puede ayudar a fortalecer las estrategias de defensa.

Al colaborar en redes de intercambio de registros y plataformas de inteligencia de riesgo, las agencias pueden obtener información sobre amenazas emergentes, métodos de ataque y vulnerabilidades. Esta colaboración permite a los equipos prepararse para ataques de alto riesgo y responder de forma más eficaz ante un incidente. Además, el intercambio de inteligencia de riesgo permite a las empresas detectar tendencias, comprender los patrones de ataque y construir conjuntamente defensas más eficaces.

Las técnicas de defensa contra ciberataques son un método multifacético que combina tecnología, procedimientos y otros. Implementar un sistema de defensa por capas, proteger los endpoints, usar controles de acceso robustos y monitorear constantemente las amenazas son componentes cruciales de un enfoque integral de ciberseguridad. Además, aprovechar las estructuras de respaldo, implementar la autenticación multifactor, capacitar a los empleados y colaborar con otros equipos también mejoran la capacidad de una empresa para protegerse contra ciberataques.

A medida que las ciberamenazas se adaptan, las agencias deben mantenerse ágiles y adaptar sus técnicas de defensa para anticiparse a los atacantes. Al construir una estrategia de ciberseguridad resiliente, las organizaciones no solo pueden proteger sus activos esenciales, sino también mantener la confianza en sus clientes, empleados y socios.

7.4 Planes de gestión de crisis y recuperación

Los planes de gestión de crisis y recuperación son componentes esenciales de la estrategia básica de protección de ciberseguridad de una agencia. Si bien las medidas proactivas, como las funciones de seguridad preventiva y los sistemas de detección de riesgos, son vitales, es inevitable que algunos ciberataques superen incluso las defensas más sólidas. En tales casos, contar con un plan de control y recuperación de crisis bien establecido en la región puede marcar la diferencia entre una recuperación rápida y un daño operativo a largo plazo. Estos planes definen pasos claros para responder a una crisis de ciberseguridad, minimizar los daños y garantizar que la empresa pueda volver a sus operaciones normales lo antes posible.

El control de crisis en ciberseguridad se refiere a la técnica de gestionar y mitigar el impacto de un incidente de ciberseguridad. Abarca tanto la respuesta inmediata al ataque como la gestión continua de la situación a medida que se desarrolla. El objetivo principal de la gestión de desastres es contener los daños, proteger los activos críticos y garantizar que la empresa pueda seguir operando a pesar de la interrupción causada por el ataque.

Un plan de control de desastres bien establecido garantiza que la empresa esté preparada para afrontar el caos y el estrés que suelen acompañar a un ciberataque. Los ciberataques, junto con el ransomware, las filtraciones de datos o los ataques de denegación de servicio, pueden aumentar rápidamente e interrumpir las operaciones de la empresa, causando pérdidas económicas, daños a la reputación y consecuencias negativas. Sin un plan claro y eficaz, una empresa podría tener dificultades para contener el ataque o recuperar sus datos, lo que agravaría aún más la situación.

Un plan eficaz de gestión de desastres comienza con la implementación de un Equipo de Respuesta a Incidentes (ERI) dedicado. Este equipo es responsable de gestionar la respuesta ante un ciberataque y de garantizar que todas las partes interesadas pertinentes estén informadas y comprometidas. El ERI debe estar compuesto por empleados clave de diversos departamentos, como TI, ciberseguridad, legal, comunicaciones y administración.

El IRT debe tener roles y responsabilidades claramente definidos, y cada miembro del equipo debe conocer sus responsabilidades específicas durante una crisis. El equipo debe estar bien capacitado y familiarizado con las normas y técnicas de ciberseguridad de la empresa, para poder actuar con rapidez y decisión en caso de un ataque. Contar con un equipo en la zona garantiza una respuesta coordinada, lo que reduce la confusión y el riesgo de errores de comunicación durante la crisis.

El primer paso para responder a un ciberataque es identificar rápidamente la clase del incidente. Un sistema de detección de incidentes bien definido, que incluya un sistema de Gestión de Eventos e Información de Seguridad (SIEM), puede ayudar a detectar actividades sospechosas y generar señales para que el IRT las investigue. Una vez identificado el ataque, debe clasificarse según su gravedad y tipo, ya sea una filtración de datos, un ataque de ransomware o cualquier otro tipo de ataque.

La identificación temprana es crucial, ya que permite al IRT decidir la dirección ideal de acción. Por ejemplo, un ataque de ransomware también podría requerir la separación de las estructuras infectadas para prevenir la propagación del malware, mientras que una filtración de datos también podría requerir la notificación a las personas afectadas y a los organismos reguladores.

La contención es un paso esencial para minimizar el daño de un ciberataque. El objetivo es impedir que el ataque se propague y evitar que se comprometan más estructuras o registros. El IRT debe identificar rápidamente la fuente del ataque e implementar medidas para contenerlo. Esto también puede incluir aislar los equipos infectados de la red, cerrar los servicios afectados o bloquear el tráfico malicioso.

Además de la contención, el equipo de respuesta a incidentes (IRT) debe comenzar a mitigar los daños causados por el ataque. Por ejemplo, si se ha expuesto información confidencial, el equipo puede colaborar con los equipos penitenciarios y de cumplimiento para garantizar el cumplimiento de los requisitos regulatorios y la notificación oportuna a las partes afectadas. Si los sistemas se vieron comprometidos, el equipo puede eliminar el malware y reparar los sistemas a partir de copias de seguridad regulares.

Un intercambio verbal eficaz es crucial en algún momento de un desastre de ciberseguridad. El IRT debe contar con un método de intercambio verbal predefinido que garantice el suministro de información precisa y oportuna a las partes interesadas internas, los socios externos y las personas afectadas. Una comunicación clara permite mantener la conversación y garantiza que todos estén informados sobre el alcance del ataque y la respuesta de la organización.

El plan de comunicación debe incluir mensajes específicos para públicos específicos, como empleados, clientes, organismos reguladores y medios de comunicación. Se debe informar a los empleados sobre las medidas que deben tomar para protegerse, como cambiar sus contraseñas o abstenerse de acceder a ciertos sistemas. Se debe garantizar a los clientes y socios comerciales que el empleador está tomando medidas rápidas para resolver el problema, mientras que los organismos reguladores también podrían tener que ser notificados de acuerdo con los requisitos legales.

El método de comunicado de desastre debe incluir además disposiciones para gestionar la reputación de la agencia. Los ciberataques pueden tener un impacto significativo en la percepción pública, por lo que es fundamental contar con un plan para abordar posibles problemas de relaciones públicas. Esto también puede incluir la elaboración de un comunicado para los medios de comunicación, la captación de clientes en redes sociales y la garantía de que la empresa mantenga una actitud transparente y responsable ante la crisis.

Una vez contenido el desastre inmediato, la siguiente fase es la restauración. Esto implica restaurar los sistemas, aplicaciones y servicios afectados por el ciberataque. Un factor clave de la recuperación es garantizar que las copias de seguridad estén intactas y puedan utilizarse para restaurar datos perdidos o dañados. Disponer de copias de seguridad estables y actualizadas es crucial para garantizar que la empresa pueda retomar rápidamente sus operaciones habituales sin una pérdida total de datos.

El método de recuperación debe coordinarse cuidadosamente, con el IRT trabajando en estrecha colaboración con los equipos de TI y ciberseguridad para garantizar la restauración segura de los sistemas. En algunos casos, puede ser importante realizar una investigación forense para comprender el alcance de la brecha y determinar si algún sistema sigue comprometido.

Una vez restablecidos los servicios, la organización debe seguir monitoreando sus estructuras para garantizar que el ataque no se repita o que no existan vulnerabilidades persistentes. La recuperación no debe limitarse a la recuperación del sistema; la organización también debe revisar el ataque para aprender del incidente y mejorar sus mecanismos de protección.

Tras la finalización del desastre y la reanudación de las operaciones habituales, la empresa debe realizar una evaluación exhaustiva posterior al incidente para evaluar la eficacia de la respuesta e identificar áreas de mejora. Esta evaluación debe involucrar a todas las partes interesadas, incluyendo los equipos de IRT, TI, penitenciario, comunicaciones y control.

Durante la autopsia, la agencia debe determinar lo siguiente:

¿Qué tan rápido se detectó y contuvo el asalto?

¿Fueron efectivas las técnicas de conversación?

¿Hubo alguna laguna en los mecanismos de protección que permitió que el asalto tuviera éxito?

¿Qué tan bien funcionó el plan de recuperación? ¿Hubo algún problema a la hora de restaurar las ofrendas?

Con base en este análisis, la agencia puede perfeccionar sus planes de gestión de crisis y recuperación, reemplazar las funciones de seguridad y capacitar a los empleados sobre cómo responder ante futuros incidentes. El desarrollo continuo es clave en ciberseguridad, ya que surgen nuevas amenazas constantemente.

Los planes de gestión de crisis y recuperación son vitales para que una agencia pueda responder eficazmente a los ciberataques y limitar su impacto. Estos planes deben incluir roles y responsabilidades claros, estrategias de identificación y clasificación de incidentes, estrategias de contención y mitigación, protocolos de comunicación y técnicas de recuperación. Además, las agencias deben realizar análisis posteriores a cada incidente para aprender de cada ataque y fortalecer sus defensas ante futuros incidentes. Al implementar planes integrales de gestión de desastres y recuperación, las organizaciones pueden asegurarse de estar preparadas para responder eficazmente a los ciberataques, proteger sus activos y mantener la continuidad del negocio incluso ante ciberamenazas.

CAPÍTULO 8

Hacia el futuro: Inteligencia artificial y ciberseguridad

8.1 El papel de la inteligencia artificial en la ciberseguridad

La integración de la Inteligencia Artificial (IA) en la ciberseguridad está transformando el panorama de la protección digital. A medida que los ciberataques aumentan en sofisticación y frecuencia, la necesidad de tecnología de seguridad avanzada nunca ha sido mayor. La Inteligencia Artificial ofrece la capacidad no solo de mejorar las medidas de ciberseguridad tradicionales, sino también de introducir nuevas técnicas proactivas para identificar, proteger y mitigar las ciberamenazas.

La ciberseguridad impulsada por IA representa una transición de la defensa reactiva a la proactiva. Las técnicas tradicionales de ciberseguridad dependen en gran medida de reglas y patrones predefinidos, así como de la intervención manual. Si bien estas técnicas han demostrado su eficacia en muchos casos, ya no son suficientes para abordar la naturaleza cada vez más compleja y cambiante de las ciberamenazas modernas. La IA, por otro lado, aporta capacidades analíticas y cognitivas superiores que permiten a las estructuras investigar, adaptarse y responder automáticamente a las amenazas en tiempo real. La IA está transformando la percepción de la seguridad, pasando de estructuras de protección sencillas a mecanismos dinámicos de autoaprendizaje que mejoran a medida que descubren nuevos datos.

Una de las contribuciones más importantes de la IA a la ciberseguridad es su capacidad para automatizar la detección y la respuesta ante amenazas. En los sistemas de ciberseguridad convencionales, los expertos en seguridad revelan señales generadas por firewalls, sistemas de detección de intrusos y otros equipos de seguridad. Sin embargo, dada la gran cantidad de datos generados y la complejidad de los ataques de vanguardia, es cada vez más difícil para los analistas humanos mantener el ritmo. La IA aborda esta tarea procesando grandes conjuntos de datos a velocidades que los seres humanos definitivamente no pueden igualar.

Las estructuras de IA pueden examinar el tráfico de la comunidad, el comportamiento de las personas y las interacciones entre dispositivos para detectar anomalías que podrían indicar la presencia de un ciberriesgo. Estos sistemas utilizan algoritmos de aprendizaje automático para adaptar y mejorar constantemente su capacidad de detección. Al aprender de registros antiguos y de los nuevos estilos de ataque, la IA puede detectar amenazas emergentes que aún no se habían incluido en las bases de datos tradicionales basadas en reglas.

Por ejemplo, los sistemas de detección de intrusiones (IDS) y los sistemas de prevención de intrusiones (IPS) basados en IA son capaces de detectar patrones de comportamiento inusuales en tiempo real, como transferencias de datos inusuales o tráfico de red inusual. Al detectar una anomalía, las estructuras de IA pueden activar una respuesta automatizada, como aislar los sistemas afectados, bloquear el tráfico malicioso o notificar al personal de seguridad, lo que permite a la empresa contener el riesgo antes de que se propague.

Las estructuras basadas en IA también pueden detectar vulnerabilidades de forma proactiva antes de que puedan ser explotadas por actores maliciosos. Los escáneres de vulnerabilidades, basados en algoritmos de aprendizaje automático, pueden buscar continuamente nuevas debilidades en software y hardware. El dispositivo priorizará las vulnerabilidades según su potencial para causar daños, lo que permite al equipo de seguridad identificar primero los problemas más importantes. Este tipo de gestión predictiva de vulnerabilidades puede reducir significativamente el riesgo de una vulneración.

Una tarea fundamental en ciberseguridad es la detección de amenazas internas, que suelen deberse a que el personal o los contratistas explotan sus privilegios de acceso con fines maliciosos. En estos casos, las estructuras de seguridad tradicionales luchan por distinguir entre acciones válidas y conductas sospechosas. Sin embargo, la IA puede mejorar considerablemente la detección de amenazas internas mediante el análisis del comportamiento.

El análisis de comportamiento, impulsado por unidades de visualización de video con IA, analiza el interés habitual de los usuarios, las redes y los sistemas. Los algoritmos de IA analizan los comportamientos de referencia, incluyendo cómo interactúan los usuarios con los sistemas, a qué archivos tienen acceso y qué acciones realizan. Cuando se detecta una desviación de los patrones establecidos, como que un empleado acceda a información confidencial sin una necesidad empresarial legítima o realice transferencias de datos inusuales, las estructuras de IA pueden marcar el comportamiento como sospechoso y alertar a los equipos de seguridad.

Estos sistemas también pueden detectar anomalías en el tráfico de la comunidad que indiquen una amenaza interna, como intentos de exfiltración masiva de datos o intentos de acceder a estructuras en momentos inusuales. Gracias a la capacidad de las estructuras de IA para aprender continuamente de nuevos patrones, pueden adaptarse con mayor eficiencia a los cambios en el comportamiento de los usuarios e identificar con mayor precisión posibles amenazas internas.

El malware es un peligro en constante evolución, y los atacantes desarrollan constantemente nuevas formas de infiltrarse en las estructuras y evitar la detección. El software antivirus tradicional se basa en firmas de malware reconocidas para detectar y bloquear software malicioso; sin embargo, este método se vuelve ineficaz cuando los atacantes utilizan versiones nuevas y previamente desconocidas de malware. Aquí es donde la detección de malware basada en IA cobra vital importancia.

Las estructuras de detección de malware basadas en IA utilizan algoritmos de reconocimiento de dispositivos para analizar el comportamiento de archivos, paquetes y aplicaciones en tiempo real. En lugar de buscar únicamente firmas reconocidas, los modelos de IA pueden detectar comportamientos sospechosos, como intentos de cifrar documentos, realizar cambios no autorizados en la configuración del dispositivo o establecer comunicación con servidores externos. Estas señales de comportamiento pueden utilizarse para descubrir tipos de malware nuevos y desconocidos, incluso antes de que se cataloguen en una base de datos.

Además, la IA puede utilizarse para rastrear la propagación de malware en una comunidad, lo que ayuda a identificar el origen de la contaminación y a aislar los sistemas infectados para prevenir daños similares. A medida que las estructuras de IA aprenden de sus interacciones con el malware, mejoran su capacidad de detección, lo que permite tiempos de reacción más rápidos y una identificación más precisa del software malicioso.

La IA también desempeña una función crucial en la mejora de la inteligencia de riesgos y la protección predictiva. La inteligencia de riesgos tradicional se basa en analistas humanos que recopilan, interpretan y difunden información sobre amenazas emergentes. Si bien el análisis humano es invaluable, requiere mucho tiempo y suele ser reactivo. La IA puede ayudar a mejorar la inteligencia de amenazas al automatizar el proceso de recopilación y análisis de estadísticas de amenazas de diversas fuentes, como redes sociales, foros de la dark web y análisis de seguridad.

Los algoritmos de IA pueden analizar grandes volúmenes de información sobre riesgos e identificar patrones o indicadores de compromiso (IOC) que podrían ser relevantes para la estrategia de seguridad de una organización. Al correlacionar registros de diversas fuentes, la IA puede ayudar a las empresas a anticipar ataques informáticos y reforzar sus defensas de forma proactiva. Este enfoque predictivo permite a las empresas anticiparse a los ciberdelincuentes y reducir el riesgo de ataques exitosos.

Por ejemplo, los sistemas basados en IA pueden analizar el historial de ataques para predecir dónde es probable que ataquen los ciberdelincuentes, lo que permite a los equipos de seguridad reforzar los sistemas en esas áreas antes de que se produzca un ataque. Además, la IA puede monitorizar las técnicas y herramientas utilizadas por los atacantes, lo que permite a las organizaciones desarrollar contramedidas más eficaces.

Una vez detectado un ciberataque, la velocidad y la eficacia de la reacción pueden ser cruciales para minimizar los daños. La IA puede utilizarse para automatizar muchos aspectos de la respuesta ante incidentes, lo que permite a las agencias actuar con mayor rapidez y eficacia que nunca.

Los sistemas de IA pueden examinar la naturaleza del ataque, identificar las estructuras que podrían verse comprometidas e implementar respuestas automáticas, como desconectar máquinas infectadas, bloquear el tráfico malicioso o cerrar servicios vulnerables. Al automatizar estos pasos, la IA reduce el tiempo de respuesta de los equipos de seguridad y previene errores humanos en situaciones de alta presión.

Además, la IA puede ayudar con el análisis posterior a incidentes. Los algoritmos de aprendizaje automático pueden ayudar a los equipos de seguridad a comprender el alcance general del ataque, monitorizar la propagación del peligro en la red y comprender las causas raíz. Estos datos pueden utilizarse para identificar futuras medidas de seguridad y fortalecer las defensas contra ataques similares en el futuro.

Si bien la IA es muy prometedora para mejorar la ciberseguridad, su implementación también presenta problemas y desafíos éticos. Una de las principales preocupaciones es la posibilidad de que los sistemas de IA sean explotados por actores maliciosos. Así como la IA puede utilizarse para reforzar las defensas, los ciberdelincuentes también pueden aprovecharla para sus propios fines, como desarrollar ataques más sofisticados o evadir la detección.

Otra tarea es la dependencia de los registros. Las estructuras de IA son más eficaces si son precisas, ya que los datos con los que se basan, y las estadísticas sesgadas o incompletas pueden llevar a una detección errónea de peligros o a falsos positivos. Garantizar que los modelos de IA se entrenen con numerosos registros de consultores es fundamental para garantizar su eficacia y equidad.

Además, la implementación de la IA en ciberseguridad plantea interrogantes sobre la privacidad. A medida que los sistemas de IA adquieren y analizan grandes cantidades de datos, como los intereses de los usuarios y el tráfico de la red, las empresas deben asegurarse de cumplir con las leyes y regulaciones de privacidad, incluido el Reglamento General de Protección de Datos (RGPD) en Europa. Lograr un equilibrio entre la protección y la privacidad es fundamental para garantizar que las soluciones de ciberseguridad basadas en IA no vulneren los derechos de los individuos.

La inteligencia artificial está revolucionando el sector de la ciberseguridad al mejorar la detección de amenazas, automatizar las respuestas y ofrecer funciones de seguridad predictivas. A medida que las ciberamenazas siguen evolucionando, la IA desempeñará un papel cada vez más importante en la defensa de las empresas contra ataques sofisticados. Desde la detección automatizada de malware hasta el análisis de comportamiento y la inteligencia predictiva de riesgos, la IA permite a los equipos de seguridad actuar con mayor rapidez, eficiencia y proactividad que nunca. Sin embargo, como ocurre con todas las tecnologías emergentes, es fundamental que la IA se implemente de forma responsable, prestando especial atención a las cuestiones éticas y de privacidad. Al aprovechar el poder de la IA, las organizaciones pueden reforzar sus defensas y mantenerse a la vanguardia del panorama de riesgos en constante evolución.

8.2 Amenazas futuras y tendencias de seguridad

El panorama de la ciberseguridad evoluciona constantemente, impulsado por el rápido avance de la tecnología y la creciente sofisticación de los ciberataques. A medida que las empresas adoptan nuevas tecnologías, como la inteligencia artificial, el Internet de las Cosas (IoT) y las redes 5G, también se enfrentan a amenazas nuevas y emergentes que ponen a prueba las funciones de seguridad tradicionales.

Una de las tendencias tecnológicas más extendidas en el horizonte es la computación cuántica, que promete revolucionar campos como la criptografía, el descubrimiento de fármacos y la inteligencia artificial. Sin embargo, esta potente nueva tecnología también representa una oportunidad significativa para la ciberseguridad, en particular en lo que respecta al cifrado. Los métodos de cifrado tradicionales, como RSA y ECC (criptografía de curva elíptica), se basan en el problema computacional de factorizar números grandes o resolver problemas de logaritmos discretos. Los sistemas informáticos cuánticos, con su capacidad para realizar cálculos complejos exponencialmente más rápido que los ordenadores clásicos, deberían dejar obsoletas estas estrategias de cifrado.

El conjunto de reglas de Shor, un conjunto de reglas cuánticas, puede emitir grandes números con eficacia, lo que significa que podría afectar a los sistemas modernos de cifrado de clave pública. Esto representa un riesgo crítico para la confidencialidad e integridad de la información incluida mediante el cifrado. Las organizaciones deben comenzar a prepararse para la llegada de la computación cuántica invirtiendo en algoritmos de cifrado resistentes a la computación cuántica, como la criptografía basada en red, la criptografía basada en código y las firmas basadas en hash, que se consideran resistentes a los ataques cuánticos.

Si bien aún faltan años para que se desarrollen sistemas informáticos cuánticos prácticos a gran escala, la amenaza potencial al cifrado es tan grande que los expertos en seguridad ya están trabajando en requisitos de criptografía poscuántica. La transición al cifrado resistente a la tecnología cuántica puede ser esencial para garantizar la protección de datos en la era cuántica, y las empresas deben anticiparse a este modelo planificando para un futuro en el que la computación cuántica se convierta en una realidad.

La infraestructura crítica, que incluye redes eléctricas, sistemas de transporte y centros de salud, ha sido constantemente un objetivo prioritario de ciberataques debido a su importancia para la protección nacional y el funcionamiento de la sociedad. A medida que estos sistemas se interconectan cada vez más y dependen más de la tecnología digital, se vuelven cada vez más vulnerables a las ciberamenazas. Los ataques a infraestructuras esenciales tendrán consecuencias de gran alcance, como enormes disrupciones, pérdida de existencia y daños financieros.

Los ataques de ransomware, por ejemplo, ya han afectado a hospitales y agencias de seguridad, paralizando sus operaciones y causando pérdidas financieras sustanciales. La tendencia hacia el ransomware como proveedor, en la que los ciberdelincuentes pueden alquilar herramientas de ransomware para ejecutar ataques, facilita que incluso los atacantes menos profesionales ataquen infraestructuras de alto costo.

Además del ransomware, los ciberataques centrados en las cadenas de suministro están en auge. Los ciberdelincuentes explotan cada vez más las vulnerabilidades de operadores externos, contratistas y empresas de software para acceder a grandes redes. El ciberataque a SolarWinds de 2020, que comprometió a un importante proveedor de software de gestión de TI y afectó a numerosos equipos en todo el mundo, es un claro ejemplo de los crecientes riesgos asociados a los ataques a la cadena de suministro. Estos ataques pueden permanecer ocultos durante meses o incluso años, lo que los hace especialmente peligrosos.

A medida que la infraestructura esencial se interconecta cada vez más mediante el Internet Industrial de las Cosas (IIoT) y otras tecnologías digitales, la necesidad de funciones de seguridad robustas seguirá creciendo. Las organizaciones deben implementar protocolos de protección de la cadena de suministro más rigurosos, realizar evaluaciones periódicas de vulnerabilidades y establecer planes de respuesta a incidentes para mitigar el impacto de los ataques a sistemas cruciales.

El Internet de las Cosas (IoT) ha aportado importantes beneficios en términos de comodidad, automatización y rendimiento, pero también ha traído consigo nuevas vulnerabilidades al entorno virtual. El creciente número de dispositivos conectados —desde electrodomésticos inteligentes y wearables hasta sensores industriales y dispositivos sanitarios— ha acelerado considerablemente el campo de ataque de los ciberdelincuentes.

Muchos dispositivos IoT presentan defensas vulnerables, como contraseñas predeterminadas, firmware obsoleto y cifrado insuficiente. Además, muchos recopilan y transmiten cantidades masivas de información confidencial, lo que los convierte en blancos atractivos para atacantes que buscan robar información privada o monitorear el comportamiento. La gran escala de los dispositivos IoT también supone una tarea para los expertos en seguridad, ya que, en mi opinión, proteger cada dispositivo puede ser una tarea ardua.

Las botnets compuestas por dispositivos IoT comprometidos, como la infame botnet Mirai, ya se han utilizado para lanzar ataques de denegación de servicio distribuido (DDoS) a gran escala, dejando fuera de servicio sitios web conocidos. A medida que proliferan los dispositivos

IoT, es probable que los atacantes sigan aprovechando estas vulnerabilidades para ejecutar una amplia gama de ataques, como el robo de datos, el espionaje y los ataques DDoS.

Para abordar estas situaciones exigentes, los productores y desarrolladores deben priorizar la seguridad en el diseño y la mejora de los dispositivos IoT. Esto incluye el uso de cifrado robusto, la implementación de prácticas de desarrollo de software estables y la garantía de que los dispositivos puedan acceder a actualizaciones de software oportunas para corregir vulnerabilidades. Las organizaciones también deben implementar la segmentación de la red para aislar los dispositivos IoT de los sistemas más importantes y monitorear el tráfico IoT para detectar indicios de actividad maliciosa.

El auge de la tecnología deepfake (imágenes, vídeos o clips de audio generados por IA que son indistinguibles del contenido real) supone un nuevo peligro tanto para las personas como para las empresas. Los deepfakes pueden utilizarse para difundir desinformación, estafar a personas, manipular la opinión pública y socavar la reputación de las empresas.

Los ciberdelincuentes pueden usar deepfakes para suplantar la identidad de ejecutivos en ataques de phishing, convenciendo a los empleados de compartir presupuestos o información confidencial. También pueden crear vídeos o clips de audio falsos que parecen provenir de fuentes legítimas, lo que da lugar a estafas financieras o ataques de ingeniería social.

Las ramificaciones políticas de los deepfakes también son considerables, ya que pueden utilizarse para manipular elecciones o incitar al malestar social.

A medida que la era de los deepfakes continúa avanzando, será cada vez más difícil para las personas y las empresas diferenciar entre contenido auténtico y falso. La detección de deepfakes requiere herramientas especializadas que utilicen algoritmos de aprendizaje automático para analizar señales visuales y auditivas en busca de indicios de manipulación. Las organizaciones deberán implementar tácticas más rigurosas de verificación de contenido y capacitar a su personal sobre los riesgos asociados con los medios sintéticos.

Si bien la IA ofrece numerosas ventajas en el ámbito de la ciberseguridad, los ciberdelincuentes la utilizan cada vez más para impulsar ataques de vanguardia. El malware basado en IA, por ejemplo, puede adaptar su comportamiento en función del entorno que ataca, lo que dificulta su detección con herramientas de seguridad tradicionales. La IA también puede utilizarse para automatizar la detección de vulnerabilidades en los sistemas y generar ataques de phishing personalizados basados en datos recopilados de redes sociales y otras fuentes abiertas.

Los ataques basados en IA también pueden dar lugar a la aparición de botnets extremadamente eficaces, donde los bots maliciosos utilizan algoritmos de aprendizaje automático para optimizar sus estrategias de ataque. A medida que los atacantes adoptan la IA para automatizar y optimizar sus ataques, la red de ciberseguridad debe aprovecharla aún más para anticiparse a estas amenazas emergentes.

Las organizaciones deben estar preparadas para protegerse de los ataques impulsados por IA mediante la incorporación de IA y el aprendizaje automático en sus estrategias de ciberseguridad. La detección automatizada de riesgos, la detección de anomalías y la inteligencia predictiva de riesgos impulsadas por IA se vuelven vitales para identificar y responder a la próxima generación de ciberataques.

A medida que las empresas adquieren y almacenan cantidades considerables de información privada, la preocupación por la privacidad se está convirtiendo en un problema grave. Con la proliferación de filtraciones de datos, las personas están cada vez más preocupadas por la seguridad de sus datos personales. Además, los gobiernos de todo el mundo están imponiendo normativas de protección de datos más estrictas, como el Reglamento General de Protección de Datos (RGPD) en Europa y la Ley de Privacidad del Consumidor de California (CCPA) en Estados Unidos.

El futuro de la ciberseguridad incluirá no solo la protección contra las ciberamenazas, sino también garantizar el cumplimiento de las leyes de privacidad de datos y la defensa de los derechos de las personas. A medida que las organizaciones obtienen más información, deben garantizar que se almacene de forma segura, se procese con consentimiento y se utilice únicamente para fines legítimos. De lo contrario, se pueden producir daños a la reputación, sanciones legales y la pérdida de la confianza de los clientes.

El futuro de la ciberseguridad podría definirse mediante la rápida evolución de la tecnología y la creciente sofisticación de las ciberamenazas. A medida que las agencias incorporen tecnologías como la computación cuántica, el IoT y la inteligencia artificial, se enfrentarán a nuevos desafíos para proteger sus sistemas y datos. Las amenazas futuras, como los ataques a infraestructuras cruciales, los riesgos de la computación cuántica, las vulnerabilidades del IoT y los deepfakes, exigirán a las organizaciones adoptar nuevas técnicas y tecnologías para anticiparse a los ciberdelincuentes. Para mantenerse resilientes ante estas amenazas emergentes, los expertos en ciberseguridad deben mantenerse informados, invertir en tecnología de protección avanzada y fomentar una cultura de aprendizaje y edición continuos. De esta manera, podrán garantizar la seguridad de sus activos digitales y protegerse del panorama cambiante de las ciberamenazas.

8.3 Consideraciones éticas y legales

A medida que la ciberseguridad se adapta y se convierte en una parte fundamental de nuestra vida digital, surgen importantes cuestiones éticas y penales que deben abordarse. Si bien los profesionales de la ciberseguridad trabajan incansablemente para proteger datos, estructuras y redes, también deben abordar un complejo panorama de sistemas penales y dilemas éticos. Estos problemas se vuelven aún más complejos a medida que las nuevas tecnologías, como la inteligencia artificial, la computación cuántica y las tecnologías que mejoran la privacidad, transforman el entorno virtual.

Una de las cuestiones éticas más importantes en ciberseguridad es encontrar el equilibrio adecuado entre la protección de la propiedad virtual y el respeto a la privacidad de las personas. Por un lado, las prácticas de ciberseguridad son vitales para proteger la información confidencial de ciberdelincuentes, actores maliciosos y accesos no autorizados. Por otro lado, las funciones de seguridad invasivas, como los programas de vigilancia, las series de datos y el rastreo, pueden vulnerar el derecho a la privacidad de las personas.

Las normativas de seguridad de datos, como el Reglamento General de Protección de Datos (RGPD) de la Unión Europea y la Ley de Privacidad del Consumidor de California (CCPA), han establecido un marco legal para garantizar que las empresas reconozcan el derecho a la privacidad de las personas. Estas normativas ofrecen a las personas un mayor control sobre su información personal, así como el derecho a acceder, corregir y eliminar sus datos. Sin embargo, las agencias deben compatibilizar el cumplimiento de estas normativas legales con la preservación de sólidas medidas de seguridad para proteger los datos.

Éticamente, los profesionales de la ciberseguridad se enfrentan a la tarea de implementar tecnologías de seguridad que no invadan innecesariamente la privacidad ni violen la confianza. Por ejemplo, la implementación del cifrado de extremo a extremo, que garantiza que solo el destinatario potencial pueda leer un mensaje, es crucial para proteger la privacidad. Sin embargo, algunos gobiernos argumentan que el cifrado puede obstaculizar las investigaciones sobre ciberdelitos y terrorismo, lo que genera tensiones entre las preocupaciones por la privacidad y la seguridad nacional.

Otro desafío ético en ciberseguridad es la práctica de " contraataque ", en la que organizaciones o individuos se hacen responsables de los ataques lanzando contraataques contra ciberdelincuentes. Si bien esto puede parecer una reacción razonable ante un ciberataque, el contraataque aumenta enormemente los problemas delictivos y éticos.

Legalmente, el hackeo de represalia puede violar las leyes que prohíben el acceso no autorizado a sistemas informáticos. En muchas jurisdicciones, el hackeo de represalia es ilegal, incluso si el ataque original fue ilegal. Además, puede tener consecuencias accidentales, como perjudicar a terceros inocentes o intensificar conflictos entre países y ciberdelincuentes.

Éticamente, el contraataque plantea interrogantes sobre la responsabilidad y el uso apropiado de la presión en el ámbito digital. Los profesionales de la ciberseguridad deben tener presente si estas acciones están justificadas y si podrían causar daños colaterales o adicionales a terceros. En la mayoría de los casos, el enfoque ético es actuar dentro de los marcos penales y contratar a las fuerzas del orden u otras autoridades competentes para gestionar la situación.

Las organizaciones tienen el deber ético y legal de proteger los datos que les confían sus clientes y usuarios. Este deber va más allá de la simple implementación de medidas de seguridad. Las empresas también deben garantizar la transparencia sobre cómo obtienen, almacenan y utilizan información privada. Las cuestiones éticas exigen que las organizaciones no solo cumplan con las leyes de protección de datos, sino que también actúen con plena fe para proteger los intereses de sus clientes.

En muchos países, las leyes de protección de datos exigen que las empresas notifiquen a sus clientes en caso de una filtración de datos y les proporcionen información sobre los tipos de datos expuestos. No informar a los clientes a tiempo puede tener consecuencias graves, tanto legales como reputacionales. Las prácticas comerciales éticas exigen que las organizaciones tomen medidas proactivas para reducir el riesgo de filtraciones y proteger la información de los clientes.

Además, las empresas deben asegurarse de que sus prácticas de seguridad no afecten desproporcionadamente a determinados grupos. Por ejemplo, las medidas de seguridad que implican una vigilancia excesiva de datos también podrían afectar desproporcionadamente a las comunidades marginadas, lo que genera inquietudes sobre discriminación y desigualdad de trato. Las prácticas éticas de ciberseguridad exigen que las empresas tengan en cuenta las implicaciones sociales y financieras de sus medidas de seguridad y se esfuercen por proteger los derechos de todas las personas por igual.

La posición presidencial en materia de ciberseguridad es otro ámbito donde convergen las preocupaciones morales y legales. Los gobiernos argumentan con frecuencia que necesitan acceder a las comunicaciones y datos virtuales como una buena forma de proteger la seguridad nacional y prevenir el terrorismo, la ciberdelincuencia y otras amenazas. Sin embargo, estas actividades de vigilancia deben regularse con cautela para prevenir abusos de poder y garantizar que no vulneren el derecho fundamental a la privacidad de los ciudadanos.

El debate moral sobre la vigilancia gubernamental gira en torno al grado en que los gobiernos deben poder monitorear a sus ciudadanos en nombre de la seguridad. Si bien los gobiernos argumentan que los programas de vigilancia masiva son esenciales para prevenir amenazas, los críticos señalan la posibilidad de uso indebido, discriminación y erosión de la privacidad. Las salvaguardias legales son cruciales para garantizar que las prácticas de vigilancia sean transparentes, responsables y sujetas a supervisión.

El debate también se extiende a la idea de las "puertas traseras" en los sistemas de cifrado, donde los gobiernos solicitan a los grupos de generación que les proporcionen una forma de saltarse el cifrado. Esto plantea interrogantes sobre la integridad del cifrado y su capacidad de explotación por parte de actores maliciosos. Los expertos en ciberseguridad ética deberían abordar estas preocupaciones y abogar por soluciones de seguridad que protejan tanto la seguridad nacional como la privacidad de las personas.

El creciente uso de la inteligencia artificial (IA) y la automatización en ciberseguridad introduce un nuevo conjunto de consideraciones éticas y legales. Las soluciones de protección basadas en IA pueden ser extraordinariamente eficaces para detectar y mitigar ciberamenazas, pero también plantean inquietudes sobre sesgos, rendición de cuentas y transparencia en la toma de decisiones.

Por ejemplo, los algoritmos de IA utilizados en la detección de riesgos también podrían perpetuar sesgos inadvertidamente, dando lugar a resultados injustos o prácticas discriminatorias. Además, a medida que los sistemas de IA se vuelven más autónomos, surgen preguntas sobre quién es responsable cuando estas estructuras cometen errores o causan daños. Las organizaciones deben asegurarse de que las tecnologías de IA se diseñen y apliquen de forma transparente, justa y responsable, con la supervisión humana adecuada para abordar cualquier problema ético.

Además, la creciente dependencia de la IA y la automatización en ciberseguridad puede provocar el desplazamiento de procesos para los profesionales de seguridad. Si bien la automatización puede mejorar el rendimiento, las agencias deben tener en cuenta las implicaciones éticas de reducir el equipo humano de sus empleados e invertir en programas de formación para facilitar la transición de los empleados a nuevos roles dentro de la empresa.

El hacking ético, también conocido como verificación de penetración, implica que especialistas en ciberseguridad intenten vulnerar intencionalmente los sistemas de una empresa para detectar vulnerabilidades antes de que hackers maliciosos puedan explotarlas. Si bien el hacking ético desempeña un papel vital en la mejora de la ciberseguridad, plantea diversas preocupaciones éticas, especialmente en relación con el consentimiento y el potencial de daños.

Las organizaciones deben otorgar permisos específicos para las evaluaciones de penetración, y los hackers éticos deben actuar dentro de los límites acordados. El hackeo no autorizado, a pesar de sus buenas intenciones, puede causar daños a las estructuras o exponer información confidencial. Los hackers éticos deben adherirse a un estricto código de conducta, garantizando que sus acciones no perjudiquen a la empresa ni a sus grupos de interés.

Las consideraciones morales y penales en ciberseguridad son complejas y multifacéticas. A medida que la generación continúa evolucionando, los expertos en ciberseguridad se enfrentarán a decisiones cada vez más difíciles en materia de privacidad, protección de datos, vigilancia gubernamental y el uso de tecnología emergente. Los marcos legales seguirán evolucionando para afrontar estas exigentes situaciones, pero las cuestiones éticas deben mantenerse a la vanguardia de las prácticas de ciberseguridad. Al adherirse a los principios éticos, respetar los derechos humanos y seguir las recomendaciones legales, los expertos en ciberseguridad pueden ayudar a construir un mundo virtual estable y responsable.

CONCLUSIÓN

Concientización y acción en materia de ciberseguridad

En un mundo cada vez más interconectado a través del panorama digital, la ciberseguridad ya no es un asunto secundario, sino un asunto crucial en nuestra vida diaria. Desde particulares hasta grandes empresas, las amenazas que representan los ciberdelincuentes, hackers y actores maliciosos han crecido exponencialmente. A medida que incorporamos nuevas tecnologías, como la inteligencia artificial, el Internet de las cosas (IdC) y la computación en la nube, la necesidad de prácticas sólidas de ciberseguridad es más apremiante que nunca. El entorno virtual evoluciona rápidamente y, con él, los métodos y herramientas que utilizan los ciberdelincuentes para explotar vulnerabilidades.

En este contexto, el reconocimiento y la acción proactiva son clave. La atención a la ciberseguridad es el primer paso para fomentar un mundo en línea más seguro. Muchas ciberamenazas se pueden prevenir cuando las personas, las empresas y los gobiernos se esfuerzan por reconocer los riesgos e implementar medidas preventivas. Este libro electrónico ha explorado los elementos vitales de la ciberseguridad, desde el conocimiento de los conceptos básicos hasta la identificación de las amenazas actuales y las técnicas de mitigación. Es evidente que el conocimiento y las herramientas necesarias para protegerse de las ciberamenazas están al alcance, pero su aplicación requiere disciplina, constancia y el compromiso de mantenerse informado.

La ciberseguridad empieza por la persona. Tus acciones en línea, como las contraseñas que usas, los enlaces en los que haces clic y la información que compartes, desempeñan un papel fundamental en tu seguridad personal. Contraseñas seguras y precisas, un comportamiento de navegación prudente y la vigilancia contra intentos de phishing son solo algunas de las prácticas personales que pueden reducir considerablemente el riesgo de ser víctima de ciberdelitos. Al responsabilizarte de tu propia seguridad, contribuyes a la salud del entorno digital.

Además, a medida que aumenta nuestra dependencia de las tecnologías digitales, la línea entre la vida privada y la profesional se difumina. Esto implica que las personas no son las únicas responsables de su propia ciberseguridad, sino que también tienen la responsabilidad de proteger sus lugares de trabajo y la información confidencial que manejan. Ser proactivo, ya sea mediante la implementación de sólidas prácticas de seguridad o la denuncia de amenazas a la infraestructura, facilita la creación de un entorno más resiliente para todos los involucrados.

Las empresas y organizaciones se enfrentan a situaciones aún más exigentes en materia de ciberseguridad. No solo se les confía información confidencial de sus clientes, sino que también pueden ser responsables de proteger grandes cantidades de datos confidenciales. Esta obligación exige una estrategia integral que incluya la formación de los empleados, normas de seguridad adecuadas y un plan de respuesta bien establecido ante posibles infracciones.

La naturaleza cambiante de las ciberamenazas exige que los grupos sean ágiles y adaptables. La ciberseguridad ya no debe ser una característica estática de la infraestructura de una empresa, sino una prioridad constante que evoluciona con el aumento de las amenazas. Las organizaciones deben asegurarse de actualizar constantemente sus medidas de seguridad, ya sea mediante parches de software, cifrado o capacitación de sus empleados, para anticiparse a los ciberdelincuentes.

Una estrategia proactiva de ciberseguridad también implica realizar pruebas de riesgo y pruebas de penetración con regularidad. Al identificar vulnerabilidades antes de que sean explotadas, las organizaciones pueden reducir significativamente sus probabilidades de ser atacadas por hackers. Además, es necesario contar con un sólido plan de respuesta a incidentes, con pasos claramente definidos para mitigar daños, recuperarse de ataques y garantizar la transparencia con los clientes y las partes interesadas.

Si bien las personas y las empresas desempeñan un papel vital en la seguridad del espacio digital, los gobiernos y los responsables políticos se encuentran en una posición privilegiada para establecer marcos que integren la ciberseguridad a nivel nacional. La cooperación global en proyectos de ciberseguridad es vital, ya que las ciberamenazas suelen trascender las fronteras geográficas. Los gobiernos nacionales deben colaborar para establecer e implementar leyes que combatan la ciberdelincuencia, a la vez que brindan apoyo a los grupos que pueden combatir los factores económicos o técnicos de la ciberseguridad.

Además, los gobiernos deben equilibrar la necesidad de protección con la preservación de las libertades y los derechos de las personas. Las cuestiones éticas y penales que se abordan en este libro destacan la tensión entre la privacidad y la seguridad, y encontrar el equilibrio adecuado seguirá siendo una tarea para los responsables políticos. Los gobiernos deben crear normas que fomenten tanto la protección de la información como el uso responsable de la tecnología digital.

A medida que nos acercamos al futuro, es evidente que el campo de la ciberseguridad seguirá adaptándose a los avances tecnológicos. La integración de la inteligencia artificial (IA), el aprendizaje automático y la computación cuántica ofrece nuevas posibilidades y desafíos para los especialistas en seguridad. Las estructuras impulsadas por IA pueden ayudar a detectar anomalías y responder a las amenazas en tiempo real, pero también introducen nuevas vulnerabilidades que los ciberdelincuentes pueden aprovechar.

El desarrollo de la computación cuántica plantea tanto posibilidades como riesgos para el cifrado y la protección de la información. Si bien la computación cuántica tiene la capacidad de revolucionar campos como la medicina y la energía, también amenaza con dejar obsoletas las estrategias modernas de cifrado. Por consiguiente, la red de ciberseguridad debe comenzar a prepararse para la generación de computación cuántica mediante el desarrollo de nuevas técnicas de cifrado que sean inmunes a los ataques cuánticos.

Con el auge de los dispositivos conectados a través del Internet de las Cosas (IoT), proteger la enorme red de dispositivos, cada vez más común en nuestros hogares, lugares de trabajo y ciudades, podría ser otra tarea crucial. La protección de los dispositivos del IoT a menudo se pasa por alto por falta de comodidad, pero a medida que estos dispositivos se integran cada vez más en nuestra vida diaria, representan una creciente vulnerabilidad para los ciberdelincuentes. Un cambio de enfoque hacia la seguridad de los dispositivos del IoT, junto con actualizaciones regulares de software y sistemas de autenticación avanzados, será esencial para proteger a los usuarios y las empresas.

La ciberseguridad no es una tarea puntual, sino una responsabilidad continua que requiere la participación activa de individuos, grupos y gobiernos por igual. El panorama virtual puede ser dinámico y estar en constante cambio, pero los principios esenciales de una correcta práctica de la ciberseguridad, como la vigilancia, la atención y la acción proactiva, se mantienen vigentes. A medida que surgen nuevas amenazas y se expanden las nuevas tecnologías, mantenerse informado y adaptarse a este panorama cambiante es fundamental para mantener un mundo digital seguro y estable.

La ciberseguridad es una responsabilidad compartida. Requiere colaboración, diligencia y compromiso para proteger las estadísticas y los sistemas de los que dependemos a diario. Al fomentar una cultura de conocimiento de la ciberseguridad, las personas y las empresas pueden construir una defensa más sólida contra el creciente riesgo de ciberdelincuencia. Es hora de actuar: la ciberseguridad no se trata solo de proteger los registros, sino de garantizar un futuro digital seguro y sostenible para todos.